高职教育数字化转型发展研究

董智勇◎著

东北大学出版社
Northeastern University Press

图书在版编目（CIP）数据

高职教育数字化转型发展研究 / 董智勇著. — 沈阳：
东北大学出版社，2024.5

ISBN 978-7-5517-3526-1

Ⅰ.①高… Ⅱ.①董… Ⅲ.①高等职业教育－数字化
－教育研究 Ⅳ.①G718.5

中国国家版本馆 CIP 数据核字（2024）第 092048 号

出 版 者：东北大学出版社
　　　　　地址：沈阳市和平区文化路三号巷 11 号
　　　　　邮编：110819
　　　　　电话：024－83683655（总编室）
　　　　　　　　024－83687331（营销部）
　　　　　网址：http://press.neu.edu.cn
印 刷 者：辽宁一诺广告印务有限公司
发 行 者：东北大学出版社
幅面尺寸：170 mm×240 mm
印　　张：12.75
字　　数：232 千字
出版时间：2024 年 5 月第 1 版
印刷时间：2024 年 5 月第 1 次印刷
责任编辑：潘佳宁
责任校对：罗　鑫
封面设计：潘正一
责任出版：初　茗

ISBN 978-7-5517-3526-1　　　　　　　　　定　价：69.00 元

作者简介

(董智勇(1985.05—),男,汉族,吉林省白城市人,现任大连职业技术学院计算机网络技术专业专任教师。拥有大连海事大学信息管理与信息系统本科学历,以及大连理工大学软件工程在职研究生学位。主要研究方向:高职教育教学、数字教育;人工智能、网络安全;智慧校园建设、多媒体技术应用等。在过去十余载春秋中,矢志不渝地投身于高职教育教学管理与教育信息化的建设之中,不仅深入钻研其理论精髓,更身体力行地付诸实践,不断开拓该领域的崭新疆界。作为项目负责人,已成功完成中央财政及市财政发款的教育信息化建设项目共计20余项,主持省市级课题近10项,发表职业教育相关论文近20篇,且有多篇论文被下载达数百次,在本专业领域拥有一定的学术影响力。

前　言

　　职业教育不是一种低层次教育,而是区别于普通教育的一种教育类型。2019 年 1 月,国务院印发《国家职业教育改革实施方案》,明确指出"职业教育与普通教育是两种不同教育类型"。职业教育是与普通教育具有同等重要地位的教育类型,是国民教育体系和人力资源开发的重要组成部分。为了推动职业教育高质量发展,提高劳动者素质和技术技能水平,促进就业创业,建设教育强国、人力资源强国和技能型社会,推进社会主义现代化建设,2022 年 4 月第十三届全国人民代表大会常务委员会第三十四次会议表决通过新修订的《中华人民共和国职业教育法》,自2022 年 5 月 1 日起施行。国家大力发展职业教育,职业教育在全面建设社会主义现代化国家新征程中,前途广阔、大有可为。

　　办职业教育,要从其自身发展规律出发,推进职业教育改革,提高职业教育质量,增强职业教育适应性,建立健全适应社会主义市场经济和社会发展需要、符合技术技能人才成长规律的职业教育制度体系。对高等职业教育而言,"职业"是手段,"教育"才是目的。近几年,得益于互联网、物联网、人工智能等高新科技的快速发展与行业应用,全球范围内掀起了数字化教育的浪潮,世界各国都在积极打造智能化、感知化、泛在化的数字化教育模式。"数字化教育"是互联化、智慧化思想在教育领域的落地应用,是教育信息化发展到一定阶段的必然结果。数字化教育正在推动传统教育的转型升级,催生出一系列的新模式、新业态。无处不在的移动互联网深刻影响着人类社会的方方面面,也使数字化教育的大规模推广普及成为可能。基于此,笔者撰写了本书。本书研究内容包括高职教育的发展历程及特征、高职教育的建设策略与路径、高职教育数字化转型之路、区块链技术与高职教育、云计算与高职教育、大数据与高职教育、"人工智能＋5G"与高职教育。

　　在探索中研究,在实践中成长。尽管我们做好了与高职教育数字化、智能化时代共舞的准备,但由于种种主客观原因,还是遇到了不少的困难和挑战。在下一步的行动中,我们将更加关注对学习活动的有效支持,通过数字化把复杂的工作现实转变为学习者可驾驭的学习情境,让学习者在完整的行动过程中,进行知识的自我建构和实践,从而实现真正意义上的职业学习。

作者

2024 年 1 月

目 录

第一章　高职教育的发展历程及特征

第一节　我国高职教育的发展

高等职业教育,即高职教育,自从被正式纳入国家教育体系后,对推动社会经济发展起到的作用呈现越来越明显的趋势,随着国家对职业教育的重视度不断加大,投入不断加码,全社会共同努力,现在已经得到了全社会的广泛认可。回顾我国高等职业教育的发展,可以将其发展史归纳为四个阶段,即探索发展、快速发展、成熟稳定发展和创新高质量发展阶段。

在快速发展阶段,我国对高等职业教育的投入明显增长、高校规模迅速扩大、人才质量有较大提升,社会认可度明显提高,青年学生第一志愿率明显上升,对社会经济的发展起到巨大的推动作用,成为中国高等教育体系中不可缺少的组成部分。但是,这一阶段仍然存在一些不足或问题,如教育思维的封闭性(表现为学生缺乏宏观视野的学习观、教师缺乏开放视野的教学观、学校缺乏创新创业的发展观、高职教育评价体系存在封闭性等),高职教育特色发展、错位发展无法体现。也有专家研究认为,存在培养目标理解不透(忽略了立德树人的根本任务)、培养规格定位不准(忽略了职业教育的层级特征)、职业发展分析不深(忽略了职业能力的动态发展),一定程度上存在"泛职业化"问题,背离高等职业教育的真正职业属性,需要我们职业教育工作者加以注意与改进。根据我们对浙江省高职教育的研究,在快速阶段主要存在重硬件轻内涵建设、高职院校布局与服务地方经济发展不够匹配、行业企业对高职教育重视与关注度不够、各地经费投入不平衡、院校研究与发展不够匹配等问题。高职院校在对兼职教师队伍的管理中还存在招聘渠道不畅、薪酬与绩效考核制度不合理、培训制度缺失等问题。综合来说,高职教育快速发展的各个方面不同程度上存在一些问题,但各高职院校发展可能是不平衡的,也就是说存在的问题状态不一,针对不足或问题进行不断整改是关键。

从高职教育的以上发展历程,我们可以发现,国家对高职教育发展越来越重视,对高职教育的政策越来越完善,力度不断加大,高职教育与社会经济的结合度越来越高,多部门形成的合力越来越强,内涵质量意识及品牌意识不断得到重视。2022年党的二十大提出"实施科教兴国战略,强化现代化建设人才支撑",统筹职业教育、高等教育、继续教育协同创新,推进职普融通、产教融合、科教融汇,优化职业教育类型定位,给职业教育创新高质量发展指明方向。

第二节 高职教育发展的趋势、机遇与挑战

一、高职教育面临的课题

高职教育发展过程中面临的问题是多方面的,如在高职发展探索初期,摆在我国职教界面前亟待研究和解决的问题主要是如何理解高职教育的真正内涵、如何办好高职教育、高职教育和其他大学教育形式应保持什么样的关系等,高职教育如何面对市场及参与市场竞争、教学问题及教育观念的改革还需要进一步加大、课程及教学内容还需要进一步深化、如何进一步活化办学机制、职业教育急需提高现代科学技术应用转化的教学能力、教学方法与手段陈旧单一、高职学生吸引力不大及生源缺乏、教材还未形成自己的系统等,许多高职院校及职业教育专家进行了积极的探索,并取得较多的实践与思考。在高职教育快速发展阶段,部分高职院校主要面临定位依然不够明确、师资队伍力量较为薄弱、教学体制及就业体制还需完善等问题;在成熟稳定发展阶段,主要面临高职教育发展不平衡不充分、专业课程建设不能完全适应产业转型升级的新变化、学生职业综合素质提升与岗位需求不匹配、中高职衔接如何深度合作等问题;在创新高质量发展阶段,主要面临校企政深度融合体制与机制、政府投入不平衡、高校如何更好地服务地方经济等问题。在政府、高职院校及全社会的共同努力下,通过多年的建设与发展,许多不足和问题不断得以改善和解决,人们对高职教育的观念也发生了巨大的改

变,社会对高职人才的认可度及需求不断提高,促进了高职教育的发展及人才培养质量的提高,但新的不足或问题也会产生,这是历史发展规律所在。

二、高职教育发展趋势

趋势是指一种发展方向,高职院校正确把握好高职教育的发展趋势有利于提前准备、计划与行动.做到思想先行、行动靠前,在起跑线上不掉队。中国高等职业教育从当初的探索发展阶段,到快速发展阶段及成熟稳定发展阶段,现在已经进入创新高质量发展阶段,重点建设政策是影响我国高职教育发展的关键因素,并在一定程度上引领着高职院校发展和改革的方向,地方政府的政策支持同样起积极推动作用,企业与高校的深度合作将影响着职业教育的可持续发展,而高职院校本身的思维精准跟进、行动速度及行动质量直接关系到学校办学的水平与质量。我国高职院校经历了“示范”或“骨干”学校建设,目前正走进“双高计划”建设,综合分析高职教育的发展过程及国家经济发展的态势,我们预测高职教育发展趋势总体来说将呈现高法治、高质量、大规模、适应性强的四大景象。高法治主要表现在制度建设更加科学规范、学校管理水平更高、治理学校依法依规程度更高。高质量主要反映在学校内涵建设高标准、高水平、高质量,包括教师队伍建设、学生管理、教学改革等。大规模主要表现在专业规模数及学生规模数将逐渐增加,特别是优势特色专业。适应性强主要表现在人才培养质量高、技术技能水平高、能在短时间内适应实际岗位,与社会需求吻合度更加一致。由此带动一大批高职院校的有序竞争与发展,引发一系列深化及精准改革。

三、高职教育发展机遇与挑战

在高职院校建设与发展过程中,任何阶段都面临机遇与挑战,抓住了机遇就能得以更快更好地发展,错失了机遇将会相反。机遇与挑战常常是共存的,抓住了机遇又能正面面对挑战,并为此努力,将会取得巨大成功;如果抓住机遇但努力不够,那么同样会失去良好的发展机会。当前我国正在全面进行高职“双高”建设,各省市同时也在实施职业教育“双高”建设,这是所有中高职院校的最大机遇。另一个机遇就是随着社会对职业教育的认可及国家职业教育体系的完善,职业教育独立的职业上升通道将会不断得到重视、加强与完善。

从微观角度来看,面临的挑战则更多,特别是在"双高"建设背景下,无论是政府、学校管理者,还是专业教师,都将面临其职责和质量的新挑战,如高职院校深化产教融合对教师能力的挑战,教师的专业课程开发能力、专业实践技能、三全育人能力、创业就业指导能力及科研转化能力,深化教学改革对教师课程思政的融入把握能力、国家或省级课程规划教材建设能力、全国职业技能教师教学能力展示等。

高等职业教育快速及高质量发展以后,将不断持续深入,对推进实现中国式现代化,促进全球产业发展,造福全球人类有巨大的推动作用。我们知道,由中华人民共和国教育部、天津市人民政府共同主办的首届世界职业技术教育发展大会于 2022 年 8 月 19 日至 20 日在天津举行,主题为"后疫情时代职业技术教育发展:新变化、新方式、新技能",国家主席习近平在给大会的贺信中说,职业教育与经济社会发展紧密相连,对促进就业创业、助力经济社会发展、增进人民福祉具有重要意义。大会期间,教育部发布了《中国职业教育发展报告》。目前,中国职业教育已设置 1300 余种专业和 12 万余个专业点,覆盖国民经济各领域,为产业经济提供源源不断的人才红利。大会形成的《天津倡议》包括五大方面内容。大会充分展现了职业教育的"中国方案",向世界贡献职业教育的中国智慧,标志着中国职业教育发展的巨大成功及其影响力的不断扩大。

2022 年党的二十大提出"实施科教兴国战略,强化现代化建设人才支撑",明确教育、科技、人才是全面建设社会主义现代化国家的基础性、战略性支撑。在如何办好人民满意的教育中提出统筹职业教育、高等教育、继续教育协同创新,推进职普融通、产教融合、科教融汇,优化职业教育类型定位。这是当前职业教育创新高质量发展最大的机遇。作为高等职业教育工作者,积极投身其中,为之奋斗,是应尽的历史使命。

第二章　高职教育的建设策略与路径

第一节　高职院校行政职能部门优化提升策略

　　我国高等职业学校实行党委领导下的校长负责制,这在 2014 年中共中央办公厅印发的《关于坚持和完善普通高等学校党委领导下的校长负责制的实施意见》(中办发〔2014〕55 号)中再次明确,为高校全面贯彻党的教育方针,坚持社会主义办学方向,培养中国特色社会主义事业合格建设者和可靠接班人,促进高校改革发展,提供了坚强组织保证。坚持党的教育方针及社会主义办学方向就是"双高"建设的五大原则之一,"双高"建设将立德树人培养社会主义接班人作为十大任务之一。学校职能部门是在学校统一领导下,有效组织实施有关职能的机构,科学设置职能部门有利于协同作战,更好地发挥其职能,因此,提高协同作战的效能已经引起许多专家的重视。高水平高职院校及高水平高职专业群建设重点内容,如技术技能创新服务平台打造、技术技能人才培养高地打造、校企合作、信息化建设、国际化合作、专业群打造等,都需要职能部门、各教学业务部门的协同作战与实施。

一、高职院校职能部门设置现状

　　行政管理能力与高校的办学质量和水平关系密切,职能部门是在学校统一领导下,具体运行的管理部门,是保障学校政令畅通,具体组织实施的部门。随着"双高"建设的推进,高校行政管理工作无论是在职能、工作内容还是作用方面都有了全新的改变,行政能力高低优劣也成为评价一个高校竞争能力的重要因素之一。行政部门主要包括:教学管理机构,主要是教务处;科研及成果转化相关的科研管理机构,主要是科技处;人事管理机构,即人事处;学生教育管理机构,主要是学工处及相关教育管理中心;对外联络与合作机构,主要是国际交流合作处和校友工作办公室;学校资产管理机构,主要是后勤管理处、资产处、基建处、财务处等;综合协调类机构,主要是校长办公室、发展规划办、管委会等。而档案馆、出版社、图书馆、网络信息中心、后勤集团、校医院等常常作为直属单位或支撑机构。有专家调研发现,高校行政部门平均达20.3个,我们调研发现高职院校的党政职能机构数量相对较少,抽查全国10所高职院校,平均为15.5个。但是我们认为,虽然各高职院校行政内设机构的架构数量有一定的差异性,但并无实质性意义,随着现代信息化教育要求提高及"双高"建设的推进,很多高校更加重视质量管理及信息化建设,有的专门设置相关机构,如金华职业技术学院在教务处校企合作处专门设置"双高"建设项目管理办公室,深圳职业技术学院设置了质量保障中心,衢州职业技术学院专门设置教学质量监控与评估处、"双高"建设办公室、数字校园建设中心等。但值得注意的是,各高职院校有关职能部门的名称可能存在一些差异,如科研方面的职能部门,金华职业技术学院命名为"科技处",深圳职业技术学院命名为"科研处",衢州职业技术学院命名为"科学研究与社会合作处",南京信息职业技术学院命名为"科技处·学术委员会秘书处",陕西职业技术学院命名为"科学研究部",这与所在学校的职能划分有一些关系,但不影响工作的正常开展。

当然,除了关注高校职能部门的数量,我们更应该关注高校职能部门与院系现实的关系,以及职能部门效能的发挥。有专家研究认为,高校职能部门存在越位现象,职能部门在处理与院系的关系中更多地发挥着"管"的作用而不是"服务"和"协调",原因值得深入分析。

二、职能部门优化提升策略与路径分析

有关职能部门优化提升的策略研究,我们通过万方数据库进行了检索,检索时间范围为2018—2022年,以题名或关键词进行检索。如果设定检索语为"高校""职能部门",共检索到241条结果;设定检索语为"高校""职能部门""路径",共检索到22条结果;设定检索语为"高校""职能部门""策略",共检索到18条结果。少部分专家对职能部门提升策略与路径进行了研究报道,比较有代表性的结论或建议如下:根据职能大类和所在高校规模等实际情况,推行高校大部制职能部门改革,有一些高校已在进行大部制管理改革探索,将职能相近或者业务相同的部门归结起来,避免职能的交叉、多部门管理的弊端,这种将相似部门归结为一个

部门管理的方式就是大部制管理。也有专家研究认为，以人为本是基于组织行为学视角提升职能部门管理水平的有效途径，力求实现组织与个人有机结合、共同发展的最佳状态；职能微观管理向宏观调控转变、资源分配向事中事后监管转变、粗放管理向精准管理转变、行政管制向服务型管理转变等。本课题组认为，我们可以吸收国内外成功的成熟经验，但决不能照搬，一定要结合各地高职院校实际情况，充分发挥自己的特色与优势，科学吸收，有机结合。在进行高职院校内部治理改革时，要注重精简行政编制，提高管理效能，创新机制，实现校企深度合作，坚持民主协商原则，突出教师的管理地位。

三、促进职业教育高质量发展的路径探索

（一）关注教师发展

教师发展及其水平是高职教育质量可持续最重要的保障，要给予教职员工更多尊重和关注，激发其主观能动性。要注意引导教职工的价值取向与学校发展一致，人力资源管理方向要与学校发展同向，保持学校、人力资源管理与教职工三者价值取向的高度一致性。"以人民为中心"的治理逻辑正在主导并开启我国国家治理现代化的新道路和新话语。长期以来，人力资源保障处工作均以人的管理为核心，这符合人本化理论与管理，特别在"双高"建设背景下，更要进一步发挥广大教职员工的内在潜力。高职院校人事管理工作的创新过程中务必坚持人本理念、完善人事管理制度、合理化引进人才、优化人才配置、提高综合素质及工作效率、完善薪酬制度。对照高职"双高"建设学校及专业群建设绩效评价产出、效益、满意度三大指标，"双高"学校 28 个观察点，与人力资源直接相关指标有 7 个（占 25.0%），其他 16 个间接相关；专业群建设 26 个观察点，与人力资源直接相关指标有 5 个（占 19.3%），其他 21 个间接相关。鉴于"双高"建设绩效考核指标与人的关系十分密切，包括技术技能人才培养基地、技术技能创新服务平台、服务发展水平、校企合作水平、标志性成果获得、课程教学资源建设、教材与教法改革等，都需要人的作用进一步发挥，潜力进一步挖掘。

（二）提高成果质量

长期以来，中国高职院校综合竞争力排名均十分重视科研产出，"金

平果高职排行榜"指标体系中的 4 个一级指标及权重分别是办学条件占 25％、师资力量占 22.5％、科教产出占 32.5％、学校声誉占 20％。科教指标共设 10 个二级指标,其中科研指标 3 个,分别是科研项目、高质量论文、发明专利。"GDI 智库高职高专排行榜"指标体系有 4 个一级指标(职场竞争力指数、教育竞争力指数、品牌竞争力指数、二次评估指数),但 GDI 没有对外公布权重和具体二级指标,GDI 指标体系同样十分注重成果产出。尤其要注意的是这两个评价排行榜在 2020 年均增设了"双高"建设观察指标。高职"双高"建设绩效评价中也十分重视产出指标、效益指标,如创新团队、技术技能平台、社会服务及服务发展水平、支撑国家战略和区域经济发展的贡献度、项目标志性成果等,因此必须强化科技高质量成果工作。

高职院校排行榜对高职办学有积极指导与推动作用,近年来,高职院校对排行榜的重视程度明显提升,不断进行教学改革,有力地促进了高职办学高层次成果的增加及办学质量的提升。正确的办学理念及科技导向,对学校科技项目、科技论文、专利成果及技术服务四大方面的进步与提升有明显的影响,高职院校要坚持正面的科技导向,这是提升学校科研整体水平的关键,需要进一步改善与优化政策环境,强化科技人才队伍。当前在"双高"建设背景下,科技改革必须紧紧围绕立德树人、提升人才培养质量这个核心,对照高职院校排行榜及"双高"建设标准,结合高职院校的实际情况,摸清家底优势与短板,采取规划制度先行、重点突破、优势发展的战略。

(三)深化教学改革

"双高"建设背景下,双高绩效评价的产出、效益、满意度指标中大部分与教学管理直接相关,如"双高"学校 28 个观察点,与教学直接相关指标有 10 个(占 35.7％),其他 18 个间接相关。专业群建设 26 个观察点,与教学直接相关指标有 16 个(占 61.5％),其他 10 个间接相关。"金平果高职排行榜"指标体系中,与教学直接相关的二级指标有教学仪器、教育经费、教研基地、生师比、教学团队、教师教学竞赛、优势专业、教学资源库、教学成果奖、课程教材、学生竞赛获奖等 11 个指标(占 42.4％)。"GDI 智库高职高专排行榜"指标体系中,一级指标"职场竞争力指数、教育竞争力指数、品牌竞争力指数、二次评估指数"均与教学密切相关。另外,值得关注的是"产教融合 100 强"和"创新创业 100 强"的评价结果自 2021 年起纳入高职评价指标体系。因此,我们不但要做好传统指标建设,还要与时俱进,关注国家职业教育改革的新动向,并自动融入。因此,特别要强化教学改革创新,这是学校教学管理的难点,也是核心要素。但目前高职教育教学管理仍然面临许多挑战,如在普高生、单考单招、自主招生、社会扩招、中高职衔接、订单班等多种生源类型下如何保障人才培养标准化及质量等,百对文化基础相对薄弱的高职生源,如何提高其英语水平等课程教学质量问题等。

"双高"建设绩效指标及高职教育高速发展要求决定了高职院校需要在做好教学管理基础性工作的前提下,勇于改革创新,形成办学特色。如针对校企合作深化不够的困境,产教协同创新需要形成高校、企业价值共享的机制,才能增强双方在合作中付出努力的主动性,真正践行"双师协同＋多元互动"人才培养模式,提高校企合作实效。结合全国高职技能大赛教学能力比赛,高职院校如何将此工作与日常教学有机结合,避免参赛选手日常教学"去赛化"问题,达到以赛促教目的。教学质量是高职院校教育事业发展中的一个永恒主题,教育部等六部门在《关于加强新时代高校教师队伍建设改革的指导意见》中强调指出:"要强化高校教师教育教学管理,完善教学质量评价制度,多维度考评教学规范、教学运行、课堂教学效果、教学改革与研究、教学获奖等教学工作实绩。"许多高职院校都对教师的教学质量与业绩进行评价,但每个高校的评价指标体系都有一定差异,我们认为要按照立德树人教书育人核心价值原则、可测量性原则、师生一致性原则、定量与定性相结合的原则来体现设计指标体系的科学性、完整性,在此方面也有很大的创新改革空间。

（四）增强协同创新

高职院校所有部门及所有人都要有协同作战意识与行动,围绕"双高"建设提升工作质量,推动"双高"建设水平。要重视在校生、毕业生、用人单位、家长对学校满意率提升的研究;完善思政教育体系,强化思政教育,注意有效性研究,营造积极向上的校风、学风、班风;提供科学规范的学业规划指导;提供精准的就业指导,实现高就业率及留地方高就业率;强化学生心理健康教育与指导;强化全员服务学生意识与行动,公正公平对待每一名学生。强化网络、新媒体、广播站、电视台、橱窗等校园宣传阵地建设与管理,加强正面宣传,加强精神文明建设,重视校园文化氛围营造,注意及时研判师生思想动态与舆情掌控;加强统战工作,做好民族、宗教和侨务工作,整合力量支持"双高"建设与行动。加强青年学生世界观引导,加强爱国主义教育,加强社团管理,支撑"双高"建设;全面推动青年志愿者服务,培育良好的服务理念。加强干部队伍配置与管理,实施规范、有效流动;强化基层党组织建设及党员管理,特别要重视青年学生党员的培养与教育;积极发挥退休教职工的作用,支持"双高"建设。营造环境优美、安全文明的良好校园氛围。对学校党组织和党员干部依法履行职责、秉公用权、廉洁从业和道德操守等情况进行规范监督检查,保障高职院校风清气正,支撑"双高"学校校风建设。

第二节　高职院校"以院建群、以群强院"策略

一、高职院校二级教学单位设置及运行模式现状

（一）二级教学单位设置与专业布局调查

高职院校以培养职业技术技能型人才为目标,二级学院是学校内设的基本管理机构,处于承上启下的重要位置,不仅仅具有教学职能,而且在学校党政统一领导下,按照相关要求开展党建工作、人才培养、专业建设、科研与社会服务、学生管理和文化传承创新等各类活动。我国高职院校二级学院的命名通常有四种,第一种是以"系"命名,第二种是以"学院"命名,第三种是"系"与"学院"同时存在,第四种是以"分院"命名。在最初的职业教育办学时以"系"命名的较多,主要原因是受到本科的影响,此种模式学科管理理念强,目前正在逐渐减少,但仍然有一些学院以"系"命名,如山西职业技术学院下设材料环境工程系、车辆工程系等11个系。京北职业技术学院下设教育管理系、影视技术系等4个系。福建职业技术学院下设智能工程系、信息工程系等8个系。第二种形式是以"学院"命名,此种模式使以专业为核心的管理理念得以加强,也是目前最为常见的形式。如金华职业技术学院就下设了信息工程学院、农学

院、医学院等 11 个二级学院。深圳职业技术学院下设了经济学院、管理学院、人工智能学院等 17 个二级学院。陕西职业技术学院下设新商科学院、环境艺术学院等 10 个二级学院。温州科技职业技术学院下设了农业与生物技术学院等 5 个二级学院。第三种命名方式是"学院"与"系"命名同时存在,如苏州卫生职业技术学院下设护理学院(国际护理学院)、临床医学院、药学院、医学技术学院及口腔系、健康管理系等。上海出版印刷高等专科学校下设印刷包装工程系、出版与传播系等 7 个系和 1 个现代传媒技术艺术学院。延安职业技术学院下设石油与化学工程系、医学系等 9 个系和 1 个士官学院。第四种命名方式以"分院"命名,如新疆农业职业技术学院下设动物科技分院、生物科技分院、园林科技分院、食品药品分院、信息技术分院等 13 个分院。不管是哪种命名,都在系或二级学院内设置若干个相近类型专业。2022 年 10 月,本课题组在全国范围内随机抽样 12 所高职院校中的某一个二级教学单位,发现专业数量在 2～7 个区域间,专业平均有 4.92 ± 1.62 个,专业数量与二级教学单位的命名无明显关联。

(二)二级教学单位运行模式状况

我国高职院校大多数在管理模式上沿用一级管理模式,即上下级垂直式的管理模式。学校管理层或职能部门根据国家、省市相关要求,结合自身发展实际下达任务,一级管理模式表现在二级学院完全没有决策决定权,只按照学校规章制度要求实施工作管理、配合完成职能部门下达的各项指令,组织完成具体的教育教学、科学研究、社会服务、国际交流与合作等工作,此种模式二级学院在人事、经费、项目和重大事项等方面缺少决策权,导致创新性和主观能动性无法被充分调动。随着职业教育的不断发展,为发挥各级积极性,强化内涵建设,二级管理理念开始提出。对于学校来说,二级管理的核心是形成学校、院(系)二级管理层次,本质上是纵向分权的一种管理模式,而对于二级学院来说,二级管理的核心是如何实现职责权利相匹配,有的高职院校积极试点探索二级学院综合改革,但认为改革有一定的难度与过程性,要明确改革的初始目标,要厘清涵盖人、财、事权下放的改革内容。也有专家研究认为,高职院校校企共建二级学院是一种新型合作模式,但存在校企共建专业融合度不足、对教育监督不健全、对教学安排不同及投入不同等具体问题,另一种是实施有限的二级管理模式,学校、二级学院实施分级管理,任务与职责相匹配,既能够充分发挥二级学院角色与作用,又能够紧紧围绕学校工作中心,按照各自的岗位履行职责,保障学校重大工作目标的实现,促进办学内涵质量提升。目前,不同类型的高职院校在院系设置上已经发展得较为齐全,部分高职院校在院(系)设置以及专业设置上已经突破了学校类型的限制,有向综合性高校发展的趋势。二级教学单位是推进"双高计划"建设的主要阵地,在实现"双高计划"建设目标,培养中国特色社会主义复合型技术技能人才方面发挥着至关重要的作用。在"双高"建设背景下,二级教学单位的角色与功能如何发挥、发挥的质量如何直接影响到"双高"院校建设及专业群建设的质量。高质量、高效能的二级教学单位运行最为关键,实现有限的二级管理模式是符合多数高校实际的,进行专业设置与二级教学单位组建的关联度研究与探索成为人们关注的新课题。

二、高职教育专业群构建策略与路径

(一)专业群概念

专业群是由若干个专业技术基础相同或紧密相关,表现为具有共同的专业技术基础课程和基本技术能力要求,并能涵盖某一技术或服务领域的专业组成的一个集群。

专业成群的基本要素包括集群的专业 3~5 个,有共同的专业技术基础知识、基本技术技能,面向同一服务领域(岗位群或产业链)。专业群建设是以专业建设为核心的资源整合活动,与传统单一专业相比,专业群更加注重的是复合型、高素质技术技能人才的培养,面向社会的适应能力更强,知识技能要求更高。

随着我国职业教育迎来大发展时代,加之"双高"建设工作的大力推进,专业群建设已成为当前高职院校有效应对区域产业集群化、链条式发展的重要举措。

(二)专业群构建

2019 年教育部、财政部启动的"双高计划"把专业群建设摆在了更加重要的位置,反映了当下全面建成小康社会过程中产业集群式发展的新趋势。在最初阶段,虽然各大高职院校已经认识到专业群建设的重大价值,但在专业群的构建上仍未完全摆脱传统的专业建设路径,存在一定的误区。少数高职院校生硬地将几个专业放在一起,构建专业群,部分高职院校存在"新瓶装旧酒"现象,仅仅是将已有的资源重新整合,缺乏对当下区域产业发展趋势及岗位人才需求的深入调研,以至于难以做到真正根据区域产业链与专业群的内在逻辑关联进行构建。基于高职院校的职业教育的类型特征与应用型人才培养要求,专业群构建对增强产业适应性,能更好地适应产业和技术发展的瞬息万变、交叉融合变化,提高就业服务产业的能力,提高学生就业竞争力有重要意义,另外通过专业群构建能突出集成协同效应,促进组群内各专业内涵的整体提升,实现以强带弱,培养新专业,以新促老,改良老专业。

近年来,高职院校加强了对专业群构建的研究与探索。本课题组以"高职""专业群"作为检索语,设定检索时间段为 2019 年 1 月—2022 年 11 月 11 日,通过万方数据库进行检索,共检索到 1961 篇文章,但增加"构建"作为检索语,真正进行专业群构建研究报道的只有 242 篇,排除体系等方面的构建,真正与专业群构建逻辑或原则相关的论文仅 33 篇,本处选择一些有代表性的研究结果进行呈现。如数控技术专业面临适应制造强国战略、服务先进制造业集群大发展的机遇,也面临产业转型升级全面提速、新兴交叉岗位不断涌现、学生成长发展需求多样等挑战,有专家提出了按照专业群与产业的对应性、注意专业群人才培养定位及对接职业岗位的组群逻辑,既要强调专业群与产业链的对应性,也要注意群内专业的逻辑性(如符合产业链走向、符合人才培养规律、契合专业建设特色等)。

(三)"以院建群,以群强院"内设教学组织体系模型

为了保障专业群建设顺利开展,必须注意其下设的教学管理组织建设,主要有专业教研室、课程组、实训中心等。专业教研室作为学校的基层教学和科研组织,担负着教学组织、课程建设、教研科研、社会服务及师资队伍建设等多项任务,是学校加快内涵建设、实现持续发展的基本载体,必须得到足够的重视与加强。根据高职教育人才培养的特色要求,在体系设置中还要正确厘清专业教研室与实训中心的关系,它们相

辅相成,密不可分。根据"双高"专业群建设的新要求,我们提出了二级学院"以院建群、以群强院"的教学组织体系框架模型图,需要说明的是,这个模型图是我们课题组的理论研究成果,各高职院校务必根据实际进行构建。

在实际运行过程中,基础实训中心要满足二级教学单位所有专业群使用,这是最基本的建设原则,规模尽可能大,以实现资源共享,效益最大化。而专业实训中心,要尽可能精致而专一,宜适当控制规模,因为随着产业结构或需求的变化,专业群中的部分专业可能会做出调整,为了避免投资专业实训基地投资效益不充分问题,部分内容可以与企业深度合作,通过强化校外实训基地的方法解决问题。

三、助力职业本科教育,推动"双高"建设

(一)学生继续深造有较大愿望

"双高"建设任务及绩效评价指标中均十分重视"技术技能人才培养高地打造"和"人才培养模式创新",对服务对象满意度(包括在校生、毕业生、学生家长)及社会认可度(包括学生家长、业内认可度)也给予高度关注,学生的职业成长过程中,职业本科教育目标的实现将关联着上述任务指标的质量水平。高职院校学生升本通道有普通高等教育、成人高等教育、高等教育自学考试等,近年来考取普通高等教育院校、接受全日制本科教育的方式更受高职学生青睐,这是由于"3+2"高职与本科分段培养模式打破了职业院校侧重技能训练、本科院校偏向理论学习的局限,两者充分整合资源、发挥各自优势,有助于拓展职业院校学生的成长空间,促进现代职教体系建设,培养应用型高端技术技能型人才,反映出高职院校专业教学质量与学生的积极向上风气。

(二)职教本科教育是高职院校跨越式发展的重要战略选择

推动全日制专升本工作,对于高职院校来说,既提高了专业内涵建设质量,促进了专业群办学水平的提升,也是本科职业教育的经验积累;对于学生来说,也促进了一批高职学生职业规划目标的实现。许多高职院校借助"双高"建设,推动了本科职业教育工作,受到了学生的欢迎。由于依托优质高职院校举办职业本科教育具有必然性,这与其具有深厚的办学底蕴基础、人才培养范式契合职业本科教育办学需求、专业建设

理念匹配职业本科教育的办学逻辑、技能形成经验符合职业本科教育的办学规律、市场合作机制有利于提高职业本科教育的办学效率等因素有关，因此普通高等教育学校中，职教本科将成为重要组成部分。因此，发展本科层次职业教育也是高职院校实现跨越式发展的重要战略选择，对凸显类型教育特征、提升学校发展创新能级、拓展现代职业教育体系、促进经济高质量持续发展的现实需要有积极作用。我们认为，在"双高"建设背景下，高职院校应该发挥好的功能有：一是积极引导教育，包括专业方向引导、应对方法指导，同时加强与家长的沟通，取得进一步支持；二是政策支持，可以出台较为实际的专门鼓励政策；三是认真免费办好考试科目高质量辅导班。

四、重视身心健康发展，促进"双高"建设

依据《国家体育锻炼标准》，教育部制定了《国家学生体质健康标准》。本标准从身体形态、身体机能、身体素质和运动能力等方面综合评定学生的体质健康水平，是促进学生体质健康发展、激励学生积极进行身体锻炼的教育手段，是学生体质健康的个体评价标准，其根本目的是促进学生健康，服务人才培养，提升人才综合素质。立德树人是高校核心内容，也是"双高"建设核心任务及考核指标。只有拥有良好的体质，才能更好地为社会服务。标准对评价内容、评价指标、评价方法等做出明确规定。

近年来，大学生体质健康指标持续下降，与健康中国行动建设方向不一致，已成为社会各界广泛关注与担忧的问题，大学生体育与健康意识薄弱、大学生体质健康测试落实不到位是主要原因。也有专家研究发现，与饮食行为、运动量和锻炼态度相关。本课题组研究认为，大学生体质健康指标出现下降的原因是多方面的，例如信息化互联网发展迅速可能导致学生购物行为单一化、人际关系网络化，主动走出寝室减少了，甚至连就餐都通过叫外卖实现；高职院校的课务安排也可能影响学生的早起锻炼，如果早上第1—2节课是自习，那么学生就可能晚起床；我们的研究推理与李晓琨等专家的分析有一定的相似性，许多高职院校十分重视大学生体质健康工作，衢州职业技术学院作为校方提出了"两馆一室"文化理念，所谓两馆是指图书馆与体育馆，通过不断改善场馆条件，吸引并

鼓励大学生走进两馆,打造高标准的体育场所,不断改善校园环境。有关部门如公共体育部、学生处及各有关二级学院有效组织晨跑及夜跑,同时不断深化体育课程改革,结合各专业特点,开设合适的体育课程内容,并提供一定的体育选修项目,极大地提高了大学生对体育活动的兴趣。

由于与大学生体质相关的因素比较复杂,如学校管理因素、体育场馆因素、课程改革因素、学生自身因素、家庭社会因素、专业因素、后勤保障因素、校园文化因素等,我们认为"双高"建设背景下,高职院校应该重视其本身管理角色与功能的发挥,特别是与体质相关比较密切的管理部门,如学生处、教务处、公共体育管理部门、后勤处等,应采取综合对策,通过加强健康教育、深化学校体育改革、落实体质健康测试、构建体质健康促进服务体系的健康促进策略。

第三节 "德技双强"专业负责人助推"双高"建设策略

职业教育建设过程中必然涉及专业负责人,专业是高职院校履行办学职能的基本单元,为了能够激发基层教师投入专业建设的主动性与积极性,推进管理重心下移,专业主任制度应运而生。在各高职院校,专业主任的称谓形式多样,如专业主任、专业带头人、教研室主任等,有的甚至同时配备了专业主任和专业带头人,或者专业主任和专业副主任,一个负责日常事务处理,一个负责专业建设发展。但是我们认为,专业带头人、专业主任与教研室主任是不同的概念。"双高"专业群建设背景下,与专业建设密切相关的专业负责人(广义)主要包括专业群负责人、专业主任、专业教研室主任等。我国教育行政部门于2018年对专业带头人提出了"双带头人"素质要求,可以理解为是对专业带头人、专业主任、专业教研室主任提出的"德技双强"的素质要求。专业负责人肩负着专业建设发展的重任,"德技双强"素质要求也是高职院校"双高"建设的迫切需要。高职院校的专业负责人大多通过严格的程序选拔出来,在德能勤纪廉等方面都有较好的表现和较高的自我要求,一些高职院校还规定了专业负责人必须是副高级职称以上或者在市级以上的各类比赛中获得过荣誉的,能够担任专业负责人的基本上是专业的甚至是学校的骨干教师,能较好地带动专业发展,推进"双高"建设的各项任务。特别是"双高"建设的背景下,许多高职院校对专业教研室及其主任进行了科学定位,设置更加规范化,推进了高职专业内涵建设。专业群负责人、专业负责人、专业教研室主任要形成协同效应。专业负责人在"双高"专业群建设过程中涉及的工作很多,"德技双强"专业负责人建设通过大量专业管理工作及自身建设得以锻炼与成长,限于篇幅,本处对部分专业内涵相关工作进行研究。

一、教师创新团队建设

各类高水平的专业教师创新团队是助推"双高"建设的重要支撑,目前高职院校普遍建立的团队有研究院或研究所形式的,也有专门的科技创新团队或教学创新团队,或者研究所、研究院、科技团队、教学团队并存。有学者提出,可以通过组建科技研发团队、基础研究团队、专利团队、国际合作研发团队等形式,实现不同团队间的联合攻关和协同创新。如深圳职业技术学院结合当地经济社会发展成立了粤港澳大湾区人工智能应用技术研究院,也内建了一些检测中心、公共平台等。淄博职业学院成立了大数据与会计专业教师团队等一批教学团队。衢州职业技术学院除了组建肿瘤早筛早诊科技创新团队等一批创新团队以外,还创建了结合专业群(或专业)的教学创新团队及技术服务团队,结合专业群建设建立的中国针灸学会衢州科技创新服务站,在全国高职院校中有较大的影响力。

可根据本专业教师的优势,有选择性地组建专业教学型、科研型和技术服务型创新团队。在组建相应团队时,需认真考虑团队目标、负责人和成员等重要因素,以便实质性发挥团队优势,聚焦研究目标,同频共振,产生更多系列研究成果。专业群(或专业负责人)应掌握专业教师的详细情况,确定好团队建设的类型、建设目标,制定好团队研究方向。但不管哪种类型的团队,其研究方向必须紧密结合学校自身发展需要,符合区域经济社会发展需要,对推动经济转型升级或社会发展具有较大现实意义。在团队成员选拔上,应尽量做到年龄和职称结构合理,成员相互间有合作基础,各自研究方向应相对一致。同时团队需选拔一名在专业领域有较高业务素质、治学严谨、富有创新合作精神的负责人。团队在建设过程中要以成果为导向,对标对表"双高"建设的标志性成果,合力攻坚,不断提升团队建设成效和影响力,为打造省级、国家级等更高层级的团队打下基础。专业群建设过程中,除了组建相对固定型教学、科研、技术服务团队外,高职院校专业群建设也要特别注意项目型攻关团队(如国家基金项目攻关专班),围绕"双高"建设,组织申报重大教学改革项目(如针对高层次教学成果奖组建项目专班)、高层次专项科技项目、高水平专项技能大赛项目(如针对教师教学能力大赛建立专班)、重大地方技术服务项目等,实行一定时期的专项合作,项目组成员实行优化组合制。

二、专业教学质量控制

教学质量是教学传授者在教学活动中满足教学接受者明确或隐含需求,达到教育价值的一种教学效果的体现。教学质量是高职院校教育质量的重要组成部分,是高职教育质量管理的核心关切。学校内部质量保证体系的构成至少包括以下三个要素:一是质量标准。需要客观明确(尽可能多一点客观指标,减少主观指标),保障公正公平。二是质量管理。系统设计、规范流程、管理体制、运行机制、评价手段(信息化)、质量监督要求,形成自主运行的内生动力。三是质量诊改。即时反馈,及时诊断与改进是关键。质量保证体系运行的策略中,可以实施"管"办"评"分离措施,学校主管,二级教学单位主办,而质量保障机构进行主"评"。二级教学单位及专业群(专业)负责人必须紧紧抓住健群(专业群或专业)、优课(课程、教案与教材)、强师与强资源(教师教学能力与教学实训条件),实现三环相扣。随着"双高计划"的实施,为实现建设世界一流高职院校的目标,质量管理必将成为高职院校头等重要的事情。专业作为开展具体教学工作的基层组织,在教学质量的提升上必须付出更多努力。

完善教学材料检查。专业群负责人或专业负责人或专业教研室主任可以对专业内教师开展学期初、学期中和学期末等不同学期阶段的教学材料检查。教学材料的检查建议吸收下设的教研室或课程组组长参加,发挥其积极性,提高其责任感,以保证检查工作的全面性、教学骨干的参与度,必要时可以通过专题检查会的形式举行,对发现的新问题、新现象或共性问题,提出科学的整改意见。学期每个阶段的检查侧重点不一。通过学期初教学检查了解学期初教学过程中各方面的实际情况,及早发现和解决影响教学过程正常进行的各种问题,同时为本学期工作树立明确目标,确保学期工作良好的开端。通过期中教学检查,掌握在教学活动开展、教学秩序维护和教学质量提高等方面的具体做法,及时发现和解决教学工作中存在的各种问题,并对下半学期的教学工作做出相应的安排。通过期末教学检查,总结本学期教学工作成绩以及分析解决存在的不足,做到重在总结经验,从而推动教学质量的持续提升。

开展形式多样的进课堂听课活动。如专业教师集中进课堂、专业负责人随机进课堂等,全面指导教师从教学计划到教学实施的整个过程,多维度评价教师的教学能力和教学效果。如专业有条件,也可制定实施教学提升计划,每个学期挑选 1~2 名教师,专业主任进行全过程听课,这样可以较为完整和全面地掌握教师从第一堂课到最后一堂课的变化,教学能力在哪些方面得到提升,还存在哪些方面的不足以及日后的改进举措,这对一名教师,尤其是新教师的成长是极为有利的。

做好专业教学督导工作。教学督导实践推动了教育教学及其管理工作的规范化、科学化、效益化以及青年教师的成长,为学校教育教学质量保障与人才水平提高奠定了坚实基础。专业可以充分发挥师徒结对授课模式的优势,让资深教师将自己对课堂的掌控力、对学生的分析力以及多年的教学经验通过言传身教传授给青年教师。同时青年教师也要发挥在信息技术应用、课件制作、课堂互动等方面的优势,协助老教师共同提高教学质量。通过开展教师座谈会和学生代表座谈会,了解专业教师在授课方面的优势和不足,掌握学生对课堂教学开展形式和内容等方面的需求。召开专业教师座谈会和教师一对一谈话等多种形式的活动,及时将课堂教学的意见和建议进行反馈,肯定优势、指出不足、提出改进的建设性意见。鼓励学生评价高、课堂教学质量好的教师进行教学示范,督促有待提升的教师制订整改计划和措施,形成课堂教学质量提升的闭环。

总之,在教学质量保证体系运行方面,要紧紧抓住三点:一是自主运行筑牢教学底线,形成内生闭环,建立质量文化(五"自",即自觉、自省、自律、自查、自纠);二是评价监测,包括专业(群)认证评估、课程教学评估、学生学业信息反馈、教学督查及课堂评价教育督导;三是诊断改进,做到即时反馈、及时诊断、限期整改、改进绩效。

三、构建专业群人才培养模式

专业群内的专业由于技术领域或学科基础相近,在课程内容上有相当一部分共同的基础理论和技能基础,国内有些高职院校采用"平台共享+模块互选"的模式构建。"平台共享"主要由公共课和专业基础课组成,是根据专业群培养复合型人才所必备的共同基础知识和基本技能设置的。学生在修完"平台"课程后,获得专业群共同的职业基础理论和基本技能训练,具备在行业内从事专业群所包含岗位的基本职业能力和适应职业变化的能力。在此基础上,可根据自己的兴趣特长和就业需要自由选择其中一个模块进行学习,主要实现按不同职业方向进行人才分流培养,较好地解决专业群内各专业的针对性问题。

"1+X"证书制度是"职教二十条"中的重要内容,即通过校企深度合作、产教融合,在完成学历教育的同时,进一步延伸出对特定技能的学习要求,其目的是培养复合型技术技能人才,适应智能化社会发展背景下(如机器换人、网上服务等)职业结构的变化对职业教育人才培养模式及其目标、规格所带来的深度挑战;提高职业教育人才培养特色的多元选择性;突破源于普通学历教育的固化的学制形态。"1+X"的核心是人才培养模式改革,这也是专业群建设的核心任务,结合教育部《关于职业院校专业人才培养方案制定与实施工作的指导意见》(教职成〔2019〕13号),学历职业教育人才培养方案中内容重构路径可以从以下几个方面进行探索:一是以书证融通为核心,重构人才培养方案,注意标准对应(职业技能等级标准与专业教学标准对应)、教学统筹(学历教育为技能等级培训留足"接口"与空间,尽量不增加学生学习负担)、内容融合(课程置换、选修补修、强化培训)、评价同步(职业技能考核与学历教育课程考试统筹安排)、成果互换(学历证书与职业技能等级证书体现的学习成果相互转换);二是重新定位学历职业教育的培养目标,依据行业核心素养(关键能力)系统性重构课程,在保证"1"的主体性与基础性的前提下,突出"X"的针对性(如新技术、新规范)、适应性(聚焦岗位胜任力)与灵活性(灵活实施,快速迭代);三是在充分体现课程的职业属性前提下,厘清学历教育课程与技能等级证书要求的"配伍"关系,重构课程内容在。"1＋X"课程内容匹配中,优先选择在行业中具有普遍意义,对学生具有长远生涯发展意义的课程内容进行教学。

第四节　高职院校"双师双能"教师建设策略与路径

一、"双高"建设背景下的教学改革与研究

教学是职业院校的中心工作,是学校实现教育目的、达成人才培养目标的基本途径。不管是国家还是各省的"双高"建设中,都把教学研究工作放在突出位置,随着社会经济发展、产业升级及信息化技术更新,职业教育的教学改革与研究势在必行。发挥好专业教师的角色与功能,需要注意以下几个方面工作。

(一)做好学情的分析

课堂是教师最基本的工作场所,课程教学是教师最直接的工作,把握课程教学的关键之一就是做好学情分析,这是最基本的前提,也是不可缺少的工作内容,因为随着高职教育的不断发展,高职院校的生源更为复杂多样,从最初的普通高中毕业生到后来的单考单招生,现在发展到包括普通高考类、定向培养类、中高职衔接五年一贯制类、单考单招类、提前招生类学生。2019 年,国务院高职扩招政策出台后,生源中又增加了退役军人、下岗职工和农民等社会考生。

各类学生的基础和能力参差不齐,兴趣爱好也有一定的差异,如医学类专业单考单招生中有部分学生已经经历过医院的临床实习;社会扩招生年龄偏大,而且有些已经成家;定向培养生具体模式不同,有的已经签订了就业合同等,我们认为,可以在每届学生刚入学的时候,针对兴趣爱好、专业基础等各项指标,全方面进行问卷调查;通过问卷内容,做好每一名学生的生情和学情分析,并反馈至班主任和其他授课教师处。从班主任管理层面,可以有针对性开展学生工作;从教学层面,可以为教学内容分析提供依据,为教学目标的设定打好基础。只有掌握了学生的个

性特征,才能更有针对性地提高课堂教学质量。

（二）做好分层分类培养

通过学情分析和课堂表现等因素,教师需及时准确掌握每位学生的基础扎实程度、对学习的兴趣和动力,以此为依据开展分层分类培养,有针对性地开展教学活动,培养学生多样化的兴趣和技术技能,当然这不管从教师的数量还是业务能力上都要求较高。如物流管理专业,根据学生的理论学习能力、动手能力、应变能力和心理素质等标准,分类制订培养目标,合理设计定制化的课程。

比如盐城工业职业技术学院纺织专业基于生源特点,结合专业岗位群,采用共性目标和个性目标相结合的方式,进行分层分类培养。个别高职院校的课堂还采取了"大锅"加"小灶"结合的培养模式,"大锅"指班级学生集中授课,相同的学习内容,一致的学习目标,以保证完成既定的培养要求或岗位所需基本技能;"小灶"指根据学生的学习能力和兴趣爱好等,组建创新班、创业班、专升本班、竞赛班等各类模块化班,利用课余的时间为学生进行分班授课,达到多样化人才培养目标。

（三）提升信息化运用能力,助力课堂教学质量的提升

当前,人工智能、5G、大数据、AR、VR等新一代信息技术迅速崛起、蓬勃发展,这为职业教育的传统教学模式注入了新鲜的血液,将现代教学理论与信息技术相融合,利用教育技术手段开展信息化教学能力成为热点和主流,职业院校教师信息化教学能力已成为信息技术与职业教育深度融合的重要环节。

在国家宏观政策上,鼓励职业学校提升教师和管理人员的信息化能力,利用现代信息技术推动人才培养模式改革,满足学生的多样化学习需求,服务课程开发、教学设计、教学实施、教学评价等。针对教师个人,可以从思想认识、知识技能、设计开发、应用创新、可持续发展等方面全面提升信息化教学能力水平。教师首先要在思想上认识到信息技术对教学质量提升的重要性和必要性,主动去接触、去改变、去思考,也要给学生灌输这一理念,强调信息技术对学生成长的重要性。在知识技能上,要掌握信息化教学设计的理论、方式方法,熟悉虚拟仿真平台和软件的使用,以及微课、慕课等资源的制作等。在设计开发上,要熟练掌控线

下为主的课堂、线上和线下相结合课堂、纯线上课堂等各类课堂模式,针对课前、课中和课后等不同的环节,制作不同的资源,促进学生的自主学习。应用与创新方面,注重课堂的过程性评价、教学反思的开展等。在可持续发展上,主要是体现教师的研究,在信息化教学过程中,及时整理反思需解决的问题、需改进的地方、需完善的平台、需填补空白的虚拟软件等,用好信息化技术,提升课堂教学质量,提高学生学习的积极性和主动性。

（四）做好教材建设

教材是传授教学内容的主要媒介,是培养人才的重要载体,在保障教育质量、弘扬立德树人、服务社会发展等方面都承担着重任。在当下这个技术快速发展、产业迭代升级的时代,高职教育的教材建设必须与时俱进,加强与信息技术、行业产业的融合,确保能满足现代职业院校高质量发展的需要。教材与教学关系密切,既是教师用书,也是学生课程教学的主要用书,教材建设包含着教学改革的巨大信息,如教学内容的优化体现工学结合,教学内容重点难点把握,教学过程对接工作岗位,教学方法策略的创新,教学面向信息化建设等,因此教材建设可以在很大程度上反映高职院校教学改革的质量与水平,反映出教师投入课程教学改革的深度、广度、成果积累情况,反映出课程教学团队的实力。可以说,教材建设从专业教师角色来看,反映出教师投入课程教学改革的综合素质,正因为如此,国家教育行政部门及高职院校均十分重视。

在"双高"建设背景下,我们要特别关注高层次教材建设、新形态教材建设。在高层次教材建设方面,高职院校要注意科学制定教材建设规划,构建教材建设体系。

新形态教材是纸质和电子的结合、动态和静态的互融,还有大量丰富的视频等教学资源,同时强化了校企合作,突出了真实职业岗位的知识,将传统的教材和信息技术相结合,这对学生学习兴趣的激发、主动性的调动、效果的提高极为有利,受到高度关注。2020 年,教育部等九部委共同发布的《职业教育提质培优行动计划（2020—2023 年）》倡导建设活页式、工作手册式、融媒体等新形态教材。

2022 年,本课题组研究分析了教育部公布的"十三五"职业教育国家规划教材书目,对"十三五"职业教育国家规划教材进行了特征性分析。高职部分的教材涵盖了 20 个高职专业大类,包括《职业教育专业目录(2021 年)》中的所有专业大类,但部分专业大类呈现两极分化的现象,且与高职在校生数分布不完全成正比例,尤其是医药卫生大类,在校生人数为 149.1 万人,排名第二,但规划教材数量排名却相对靠后。

高层次教材建设主要包括国家及省级规划教材、重点教材,也是高职院校努力的目标,是高质量建设高校专业的必然选择,但我们认为机遇与挑战共存,要从教材规划、编写团队、出版审核、修订完善等环节入手,切实提升教材质量,增强竞争力。

关注教材使用效果反馈,推动教材建设。2022 年 10 月,我们课题组按照整群抽样方法,在全省对两所高职院校已经完成"实用护理科研训练"课程学习的 203 名学生进行回顾性调查,结果发现对国家规划教材总体评价很高(满意度达 95% 以上)。SPSS 统计发现,兴趣是重要影响因素($P < 0.05$)。调查也收到增加科研实例、提高针对性、多运用图片等有益的建议,调查提示要加强教材编辑设计,通过修订完善,提高学生对课程的兴趣度。

三、强化双师型教师建设

(一)建设双师型专任教师

20 世纪 90 年代初,我国"双师型"教师概念首次被提出,之后多年间,国家和地方均制定出台了系列"双师型"队伍建设发展的意见。2019 年 9 月,教育部等四部门印发文件,提出经过 5～10 年时间,基本建成一支师德高尚、技艺精湛、专兼结合、充满活力的高素质"双师型"教师队伍。该方案的发布,意味着我国"双师型"教师队伍建设进入新时代,也为我国新时代高职院校教师队伍建设提供了明确的方向指引。近几年,"职教二十条"、职业教育提质培训行动计划、"双高"建设计划等文件都着重强调了"双师型"或"双师素质"教师的培养。关于"双师型"教师的概念,各位学者见仁见智。虽有不同的观点,但其内涵大同小异,要求教师既有开展职业教育的能力,又有开展技术服务的能力,比如高职院校医学专业的教师,要既能教书育人,又能治病救人。

在专业教师"双师型"队伍建设时,可以分类制定相应政策。如针对刚入校新教师,通过开展岗前认知、制度和文件学习等内容丰富的培训,使新教师熟悉高职院校教师的职业特点和要求,掌握教育教学基本知识、方法和技能,养成良好的职业道德素养,并迅速融入学校和高职教育的大家庭。

专业通过紧密联系行业、企业,共建"双师型"教师培养基地,常态化企业实践锻炼制度,选派刚入校青年教师参加半年至一年的企业顶岗锻炼或技术服务,积累教师专业实践工作经验,提高专业技术应用能力、社会服务意识和服务能力。衢州职业技术学院结合地方特色,通过多年的实践探索,为新教师制订了"三衢青蓝"成长计划,根据新教师的学历、是否有高校和企业的工作经历,实施新教师分层分类培养。采用"选项制"培养模式,为新教师打造师德教育、师范教育、企业实践、助讲培养、"双师"培养、综合锻炼6项个性化的专业发展培训项目,助力青年教师"双师型"队伍的建设。

有的高职院校为入职5年内的教师在教学能力、教科研能力、竞赛指导能力、技术应用能力和社会服务能力等方面制定了双师素质详细的考核指标,推进了双师教师水平的提升。

针对骨干教师,要统筹兼顾新技术革命下,高职院校师资需求的新项目和延续改进经典培训项目。专业可以鼓励他们在校内不同岗位进行轮训,协助制订个人成长的三年行动计划或职称晋升计划,选派优秀教师进行挂职锻炼、访问工程师学习和出国进修培训等,提升教师在专业相关职业领域的教学技能、职业教育专业理论与应用能力。

开展骨干教师暑期社会实践,深入行业企业了解新动态,收集真实案例,加以整合形成教学的素材。鼓励教师参加各种资格认证培训,考取专业资格证书,多参与行业研发与技术交流活动,激发创新能力。常态化邀请企业中的高端技术人才和管理人才,对学校专职教师进行强化训练,提升教师实践操作技能与解决企业生产技术难题的能力。

(二)打造专业化的兼职教师队伍

兼职教师是随着职业教育高质量发展而出现的时代产物,是指受职业学校聘请,兼职承担特定专业课或者实习指导课教学任务的专业技术人员、高技能人才。兼职教师一般为企事业单位在职人员,专业教学急需的也可聘请退休人员。

高职院校兼职教师大多数来自企事业单位一线工作岗位,多为行业专家、能工巧匠,其优势是掌握最新的行业企业动态、实践经验丰富、技术技能水平扎实,但不足的是教师行为规范相对欠缺,离专业化存在一定差距。因此一些高职院校的专业通常会建立一个兼职教师库,以提高兼职教师聘任时的相对稳定性。在这方面,医学院校相对较有优势,借助于附属医院医护的力量,较容易组建稳定的兼职教师队伍,而且部分医护人员其身份本身就是教师。鼓励和支持兼职教师通过系统的理论学习,考取教师资格证,并通过课前集中培训、课中示范教学、课后教学研讨等多种形式培养兼职教师的教学基本功,包括提升在教学设计、教学方法的运用、课堂节奏把握和教学反思等方面的能力。定期召开学生座谈会、学生评教以及听课评课活动,及时了解兼职教师授课的实际情况,将相关意见和建议反馈给兼职教师,以便其有针对性提升课堂教学质量。实施专兼职互助提高方案,通过兼职和专职教师共同教授一门课形式,使专业教师和兼职教师的理论和实践充分结合,在教师教学能力比赛等各类形式的比赛中,也要积极吸收兼职教师参加。

四、强化辅导员教师工作,助力学生发展

"双高计划"指出,高职院校要注重内涵发展,组建专业集群,提升师资队伍水平。作为高职院校教师的重要组成成员,高职院校辅导员是连接学校与学生的桥梁,是高职院校贯彻落实立德树人根本任务和开展学生思想政治教育的中坚力量,有些高校教师担任辅导员角色,辅导员的工作是通过自身的品德修养、专业技能、人文情怀、事务性工作处理能力等,对大学生在思想政治教育和大学生事务管理服务方面进行指导、教育、管理和服务的过程。

我们通过调研发现,学生心目中理想的辅导员,10个高频词为"沟通能力强""具有亲和力""热情""和蔼""工作能力强""负责""阅历丰富""思想政治觉悟高""人生导师""善良",其中"沟通能力强"出现频次最多,说明学生希望能跟辅导员建立良好的人际关系,关注辅导员的语言表达、心理辅导等能力,"工作能力强""阅历丰富"反映出学生希望辅导

员在日常的工作当中能统筹处理评奖评优、勤贷助学，妥善处理寝室矛盾、危机事件，在就业实习、专升本上提供建设性的建议；"思想政治觉悟高"表明在学生心中辅导员的形象是具有很强的正能量的，这对辅导员的能力提出新要求。

在"双高计划"背景下，笔者提出高职院校要做好辅导员"六项工程"能力建设、"六个一做"工作提升。

（一）"六项工程"能力建设

一是强基铸魂工程，加强辅导员入职考试的各项能力的考核力度，重视平常辅导员的思政课程的培训，创新思政教育模式；二是素质提升工程，积极开展辅导员业务技能培训、辅导员优秀工作案例大赛、辅导员素质能力大赛，加强辅导员的业务能力和基本素质，不定期举办辅导员例会，构建开放性、专业性的交流平台；三是凝心聚力工程，提升辅导员对岗位的认同感、归属感，定期开展辅导员专项沙龙活动，鼓励辅导员开设具有特色的工作室；四是典型选树工程，树立工作典型，对优秀的辅导员进行针对性、系统性、联系性的培养，起到价值引领作用，逐渐打造一支具有影响力的队伍；五是品牌引领工程，将辅导员分管的工作品牌化，例如医学院的"天使之心、天使之技、天使之翼"等天使品牌文化；六是保障夯实工程，建立辅导员激励制度、辅导员专项职称晋级办法，在可控范围内适当增加辅导员的收入待遇。"六项工程"能力建设以期为辅导员达到补精神之钙、强专业之能、造合力之势、创引领之力、助质量提升、解后顾之忧的作用。

（二）"六个一做"工作提升

一是写好一文，包括谈心谈话、主题教育、危机处理等日常学生管理的案例、总结、心得，每名辅导员每周至少提交一篇示例；二是讲好一课，辅导员每学年承担一门思政课的教学任务，如职业生涯规划、大学生创新创业，积极参与集体备课，定时参加研讨；三是做好一题，每名辅导员每年参与一项各级各类研究课题申报工作，保证每年手中有一项在研课题；四是结识一师，要向工作时间较长的辅导员、思政专家多学习，每个季度至少一次；五是拥有一技，打造独具特色的思政教育模式，将充分展示个人的工作技能平台变成开展大学生思想政治教育的舞台；六是明确一责，明确自己的模块分工，制订工作计划，完成工作目标，反思工作方法，创新工作思路。

第三章 高职教育数字化转型之路

第一节 数字化教育变革

一、开启新一轮数字化教育变革

很多新兴产业在诞生之后,会迅速进入大众的视野,但这种表面的热度会随着时间的推移而逐渐下降,当产业的发展切实落地之后又会重新在市场上崛起。自 2014 年开始发展至今的在线教育行业也符合这个规律。在线教育行业如今已成为众多实力型企业重点布局的领域。

网易、百度、腾讯、阿里等互联网巨头纷纷布局在线教育产业,该领域随即呈现出全新的发展趋势,在沉寂过一段时间后重新成为实力型企业争夺的焦点。随着行业的不断发展,新入局者应该聚焦于此前投资者未涉足的领域,通过研发教育科技产品,对在线教育的发展潜力进行深度挖掘,进而找到自己的生存空间。

在线教育行业的上一个"冬天"是 2015 年,那时候国内创业领域的热度明显下降,在线教育的发展难以在短期内看到成效,对投资者的吸引力也迅速下降。以国内领先的综合性互联网教育平台沪江网为例,该企业于 2015 年 10 月完成 D 轮融资,融资规模达 10 亿元人民币。但在 D 轮融资之后至 2018 年,沪江网并未进行大规模的融资。知名在线教育创业企业"跟谁学"于 2015 年 3 月完成 A 轮融资,融资规模达 5000 万美元。此时该教育平台只积累了数百万学生用户,2015—2018 年,"跟谁学"也没有发布融资消息。

通过进行数据对比与分析,能够看出 2015 年后在线教育的发展情况。2015 年进行融资的在线教育企业数量达 388 家,融资总体规模达 19.15 亿美元,2016 年进行融资的在线教育机构仅为 100 多家,融资总规模未及 10 亿美元,这体现出教育资本市场的热度下降。

随后到了 2018 年,在线教育市场经过沉寂后,又呈现出蓬勃发展之势。进入 2018 年,在线教育成为实力型企业竞争的焦点,网易旗下的有道于 4 月宣布完成融资,百度在 4 月正式进军智慧课堂,腾讯也在 2018 年为 4 家教育企业提供投资支持。为什么会出现这种情况呢?在这里总结出三方面的原因。

(1)技术:语音识别、人工智能、互动直播、大数据、云计算等先进技术的发展取得了长足的发展,为在线教育提供了有力的技术支撑。在这样的大背景下,即便是刚刚进入在线教育领域的企业,也能够依靠先进的技术手段在垂直领域进行深耕。

(2)政策:进入 2018 年后,教育部通过文件形式大力倡导发展国内的智慧教育,计划建设智慧教育示范区,为该领域的发展提供政策性支持。以百度、腾讯、网易等为代表的巨头企业积极把握政策红利,在网络教育行业展开布局。

(3)沉淀:在线教育自诞生以来,就一直在持续不断地完善课程内容体系,至今,教育课程资源已经能够适应各个年龄阶段的用户。以网易为例,其教育课程已经包含了幼儿园、小学、中学、大学及职场人士所需的专业内容。经过几年的积累,课程资源更加丰富,为在线教育的市场化运作打下了坚实的根基。

二、数字化教育环境下的技术应用

现如今,云、网、端相结合的互联网基础设施建设已经取得了初步成就。利用大数据技术,教育行业能够更加充分地把握教学、学生、管理、科研等相关信息,提高教育服务的针对性。云计算能够提高知识存储的能力,互联网能够打破时空因素的限制满足用户的学习需求,社交网络则能够提高交互性。

(一)云计算

企业在信息处理及存储过程中采用云计算方式,能够对海量资源进行高效管理。将云计算应用到教育行业中,即为"教育云",能够为今后教育信息化的发展打下结构基础,为教育信息化的建设提供系统化的硬件计算资源,并对资源进行数字化处理,为教育从业者、学生、教育部门等提供平台支持,通过输出优质的服务内容满足教学、学习及教育管理所需。

政府机构的政策支持有力推动了国内云教育的发展。教育部于2012年推出"中国数字教育2020"行动计划,着力打造教育云资源平台。

2012年2月,国家规划办将亚洲教育网素质教育云平台纳入"十二五"规划课题中,吸引诸多企业加入教育云领域,许多相关政府部门也积极开展云平台建设,推出包括华北基础教育云、华师京城教育云、国家开放大学教育云、国云科技教育云等在内的云教育平台。与此同时,信息技术企业也在该领域展开布局,联想、惠普、微软、谷歌等都推出了云教育平台。

(二)大数据

在2020年新冠疫情防控期间,国家中小学网络云平台作为保障"停课不停学"的"国家队",经受住了考验,为亿万中小学生的在线学习提供了重要支撑。之后,云平台持续发力,通过提供多种服务发挥重要作用:一是服务教师课堂教学,提高课堂教学效率与质量;二是服务学生自主学习,培养学生自主学习习惯和能力;三是服务农村提高教育质量,缩小城乡教育差距、促进教育公平;四是服务应对重大公共事件,提升基础教育应对重大突发事件的能力。

2021年,教育部、国家发展改革委、工业和信息化部、财政部、国家广播电视总局等五部委联合印发了《关于大力加强中小学线上教育教学资源建设与应用的意见》,目标是到2025年构建三个体系,一是基本形成定位清晰、互联互通、共建共享的线上教育平台体系;二是覆盖各类专题教育和各教材版本的学科课程资源体系;三是涵盖建设运维、资源开发、教学应用、推进实施等方面的政策保障制度体系。

(三)互联网、移动网、物联网与端

网络体系中包含多个"端",对外开放端口说明网络处于正常运行状态中,还能对网络体系进行延展,实现"网"与"端"的连接。在"三通两平台"项目实施的影响下,宽带网络覆盖到了大部分校园,建成完善的互联网体系,为数字化教育的发展提供了基础保障。

三、互联网巨头的数字化教育布局

下面再让我们看看国内知名的互联网巨头企业对在线教育行业进行的布局方式,它们各有特点。

网易聚焦于打造生态体系,拥有独立的产品和服务项目,建立起硬件与软件兼备的生态系统,逐渐形成了完整的闭环。企业能够凭借独立的产品开发能力进行深度的价值挖掘,拥有广阔的市场发展前景。

腾讯更注重产业投资。进入 2018 年后,腾讯投资了多个教育项目,向第三方教育合作者进行平台开放,联手打造在线教育生态,整个系统的开放程度较高。

百度在 To B 领域展开布局,为学校提供平台支撑与技术资源,不断加强与学校之间的合作关系。

阿里巴巴以及旗下的云峰基金截至 2019 年 6 月已经投资了 10 家教育行业的公司,包括 VIPKID、宝宝树、TutorABC、作业盒子、兰迪少儿英语、CC 英语等。阿里投资集中于中晚期项目,以学前教育、少儿英语为主。和腾讯、百度在教育行业的投资布局做对比,阿里的投资力度要大于百度,小于腾讯。

(一)腾讯赛路切换

在布局在线教育领域的过程中,腾讯旨在联手学校,共同推进校园教育与互联网的结合发展。初期发展教育业务时,腾讯走的是自研道路,如今则逐渐转向投资生态建设。

在布局教育领域的初期,腾讯采取的是自研方式,具体表现为:腾讯于 2013 年推出以职业教育为主要内容的精品课,2014 年上线腾讯课堂,2015 年开始运营腾讯大学,2016 年推出企鹅辅导,教育内容覆盖幼儿园、小学、中学各个阶段。随着发展,包括 QQ 智慧校园、腾讯微校等在内的教育业务的智能化发展水平不断提高,很多业务内容开始借助于微信、QQ 等数字化技术工具开展运营。如今,腾讯将很多业务内容交给更加专业的第三方企业来承担,逐渐转变了发展方向。

近年来,腾讯投资的教育企业数量逐渐增多。分析腾讯的业务发展过程可知,腾讯越来越注重在线教育领域的发展,并为其提供了更多的资金支持,在这个过程中,腾讯的注意力从自研逐渐转向基础设施业务的建设及智慧教育方案的提供。

2019 腾讯全球数字生态大会的智慧教育分论坛上,腾讯正式推出了面向智慧教育领域的教育品牌"腾讯教育"。腾讯未来将会以"3C"战略为主,即"连接""内容"和"责任",主打 to B 市场,致力于实现教育公平化、个性化、智慧化。整合后的腾讯教育将向个人、学校、教育机构、教育管理部门,提供智能连接、教学、科研和管理。

腾讯教育被赋予教育行业"数字助手"的职责,其主要目标是帮助教育企业、学校机构完成全面的数字化转型。教育企业,腾讯可以提供教育平台、软件技术支持;腾讯可以为人提供科学管理系统,优化导师教学质量和体验。

腾讯的战略布局一方面是给学校、教育机构、管理机构提供技术支持和产品合作;另一方面,腾讯还投资了大量的教育企业,拥有许多外部的合作伙伴,整体战略讲究的是细水长流。在合作过程当中,腾讯完全有能力将社交这一个概念渗透进去,让自己的社交产品深深扎根在教育行业中。比如在腾讯课堂平台上,需要登录微信或者 QQ 才能收听课程;课程支付需要使用微信支付;腾讯微校可以将学生和学校更紧密地与微信绑定在一起。

(二)网易的群狼矩阵

在布局教育业务方面,网易采取了明显区别于腾讯的发展方式,着眼于内容、硬件、教师资源的建设,进而打造教育生态体系。网易的教育生态聚焦于 C 端的发展,旨在通过开发各类软硬件工具类产品,服务于不同教育阶段的用户群体。

与腾讯大量分散投资合作、落棋布子策略不同,网易在长期的发展过程中一直注重产品打造,在这方面,网易已逐渐建立起自己的群狼矩阵。具体而言,网易通过有道精品课和网易公开课,再搭配相关的辅助App,如有道词典、有道云笔记、有道卡搭等,来帮助网易在在线教育布局上实现矩阵式配合。

数据统计结果显示,网易有道的工具类移动应用产品聚集的用户总体数量早已突破 8 亿个,仅有道词典的用户就达 7 亿个以上,各类产品的日活用户达 1700 万个以上。网易的这些产品能够被应用到用户的日常学习及生活中,能够有效提高用户黏性,为网易的相关教育产品提供流量资源,这一点使网易在开发在线教育领域的过程中具备显著的优势。

在课程内容方面,网易拥有完善的教育内容体系,引进了众多的名师资源,并与专业机构达成了合作关系。网易旗下的有道精品课、网易公开课、网易云课堂、网易卡搭编程、网易100分等,包含了学前教育、小学、中学、高等教育及职业技能教育等不同阶段的教育内容及专业的内容资源。

在布局线上教育的过程中,网易从名师、专家、机构入手,以"人"为核心建设课程内容。比如,网易云课堂聚焦于打造在特定行业中拥有专业知识技能的专家,着眼于IP推广、服务提供。

在硬件产品的发展上,网易采用硬件产品与软件产品相结合的发展方式,共同构成完善的产品生态体系。

网易推出许多面向用户的教育智能硬件产品,具体包括智能答题板、有道词典笔、有道翻译蛋等。从表面上分析,尽管此类硬件产品的应用场景并不多,但在教育信息化快速发展的带动作用下,新兴的学习型硬件产品逐渐在学生群体中普及开来。

(三)百度的两个场景

百度文库、百度阅读、百度智慧课堂是百度在教育领域的三大产品线,共同构成百度智慧教育生态体系,这个生态体系包括两个场景:用户自学场景与学校教学场景。

面向C端的用户自学场景:现阶段下,百度文库的教育资源所涉足的领域超过50个,文档数量接近2亿篇。百度阅读联手500家出版集团,推向市场的正规书籍超过20万本。

面向B端的学校教学场景:百度智慧课堂针对教师、学生与学校的需求,推出一系列人工智能课程内容以及智能工具解决方案,能够在备课、课堂教学、课后互动等环节发挥作用。可利用大数据技术促进校内资源整合,提高资源管理能力,加速系统内的信息流通,帮助教师更加全面地了解学生的相关情况。

从整体上来分析,百度更倾向于面向B端的教学场景建设,在此基础上改变学生的学习方式。具体而言,百度的在线教育能够利用技术手段对学生的学习兴趣、知识能力进行准确定位,据此推出具有针对性的学习方案,并提供相应的学习内容;利用技术手段提高教师的备课效率,丰富其教学内容和教学形式。

这种布局在线教育的方式有优势也有不足。优势体现在,学校在国内教育中占据主导地位,以学校为切入点发展智慧教育比较可行。不足之处在于,面向 C 端的工具产品、课程资源还不充足。

（四）阿里的两个逻辑

阿里在教育领域进行的布局遵循两个逻辑:服务于阿里自身;对外投资。

阿里在电商教育、业务教育、职业教育方面进行布局,推出"阿里云大学合作计划"、建立淘宝大学等,都是为了促进阿里自身业务的发展。

与此同时,阿里还在教育领域进行了投资,具体如投资 TutorGroup 在线教育机构、超级课程表。与在线教育同时发展的还有线下教育,包括云谷大学、湖畔大学。发展线下教育项目同样是为了服务阿里本身。

四、数字化教育的未来模型

我们能够从上文中以腾讯、百度、网易为代表的巨头企业在教育领域进行的布局里窥探到未来数字化教育的一些模样,可以称之为数字化教育的未来模型。

（一）教育智能硬件成为标配

传统模式下的教育硬件主要是指黑板、课本、笔记本、练习册等纸质、有形的物品。伴随着大数据、网络信息技术、云计算等技术在教育领域的应用,未来教育的数字化发展水平将不断提高,在这个发展过程中,教育智能硬件将逐渐得到普遍的应用。

有道在 2018 年 4 月进行首轮融资时,公开表示要在教育硬件产品方面进行重点建设与发展。在网易之外,谷歌也在 2018 年 5 月举行的 I/O 大会上表示要打造虚拟现实实验室,方便学生进行远程学习。此外,在基础教育领域,谷歌于 2018 年 3 月发布全球首款 ChromeOS 平板电脑。

从中能够看出,硬件产品在教育行业的发展过程中占据着十分重要的地位。但硬件从开发到投入市场是一个长期的过程,其运作有赖于企业提供的长期资金支持,而率先在这个领域展开布局的网易占据着优势地位。

（二）未来决胜 To B 市场

一方面,我国的教育行业围绕学校开展运营,因此以学校端为切入点发展在线教育更适合国内的教育环境,也能够有效拓宽优质教育的覆盖范围,让更多学生从中受益。

另一方面,在数字化教育生态圈逐渐完善后,位于生态圈内的不同类型企业将在为生态服务的同时获得自身在教育行业领域内的生存空间。如何与这些不同类型企业共同把数字化教育生态圈做好,将是未来决胜的关键。

第二节　数字化教育的现状与趋势

一、由数字化推动教育转型

(一)智能网络时代的教育新形态

在"数字化"的推动下,我国教育资源的供给能力及适应性服务能力得以大幅提升。随着互联网与教育的深度融合,大众教育观、学校发展观、公民学习观、课堂教学观都发生了极大的改变。在此形势下,要想紧抓"数字化"带来的机遇深化教育改革,推动教育现代化迈向一个全新的发展阶段,就必须对互联网促进教育变革的规律有正确的认知,对数字化环境下的教学方式、教学形态进行深入探索。

从某种程度上来说,数字化是对网络空间进行充分利用,将信息通信技术融入各行各业,推进行业创新与发展。历史创造了当下,并对未来有着极其重要的预示作用,所以,要想对数字化教育创新做出准确判断,对数字化教育变革趋势做出精准把握,就必须对教育发展历史有全面了解。也就是说,要想对数字化教育的变革发展规律有正确的认知,就必须对教育发展历史,特别是近代教育形态的转变进行详细研究、认真反思。

教育是一种人类生产劳动催生的社会现象,最初的目的是满足人类参与社会生活的需求及自我发展需求。教育随人类历史的出现而出现,随人类社会的发展而发展。从原始社会到农耕社会,再到工业时代、信息时代,生产力不断发展,人类社会不断进步,教育也随社会发展及人类需求的改变而改变,这种改变主要表现在学习内容、学习环境、学习方式三个方面。

　　20世纪70年代,随着电子计算机的出现和普及,人类社会迎来了第三次工业革命,进入信息时代。进入21世纪之后,计算机、自动化技术取代了大量人工劳动,记忆、操作熟练、标准化的学习方式不再适用,人类亟须实现个人终身发展。为满足这一需求,人才培养目标、学习内容开始倾向于自主发展、信息素质的培养和社会参与,学习方式愈发多元化,合作探究式学习、联通学习、混合学习逐渐普及,传统的物理学习空间被打破,学习活动逐渐延伸到网络空间。

　　或许到21世纪中叶之后,人类社会才能真正进入智能时代,届时,人工智能及增强智能技术的作用不再是解决特定领域的问题或完成单一的任务,而是全面推进行业变革,为人们的生活、工作、学习服务。到那时,人类社会将真正进入人人互联、人物互联、物物互联的智能时代。为维护全人类的共同利益,社会将对学习能力、社会责任、设计创造能力提出更高的要求和更强烈的需求。随着学习资源愈加丰富,在智能技术的支持下,人类极有可能实现随时随地学习,学习内容将与真实的世界产生密切联系,学习方式将愈发个性化。

　　现如今,人类社会处在信息时代的早期或者中期,教育形态延续了工业时代末期教育形态的特征,这个过程还将持续很长一段时间。数字化与教育行业的融合不仅会扩大教育规模,拓展教育空间,还有可能提升教育质量,优化教育结构。我国要想从教育大国发展为教育强国,必须对数字化引发的教育变革有清醒的认知,从全局视角对教育改革进行设计,对教育综合改革进行深化。

　　(二)从工业时代到信息时代

　　教育信息化就是工业时代教育向信息时代教育转变的过程。至于信息时代的教育如何转变为智能时代的教育现在还未可知,这是未来教育智能化需要探讨的课题。

　　1. 信息时代教育的关键特征:差异化和联通学习

　　相较于前三个时期来说,信息时代的教学模式、人才培养目标、学习环境表现出了明显的不同。进入信息时代之后,学习模式变成了联通学习,学习内容变成了知识点互联形成的知识网络,与学习者的生活、个人发展密切相关,社会化、网络化特征愈发鲜明。在信息时代,教育的终极目标是在数字化环境下,借助个性化学习方法培养数字公民。

数字公民是能经常使用互联网,在互联网使用标准与原则的指导下,利用互联网技术让工作、生活、学习都能实现数字化,为社会发展产生持续推动作用的新一代公民。数字公民一方面享受着数字时代带来的各种便利,一方面要应对数字化学习带来的各种挑战。为了满足未来社会的发展需求,学校教育开始注重数字公民的培养。

个性化学习,或者说是差异化学习是一个与大规模集体学习相对的教学理念,真正做到了以学习者为中心,以学习者的差异化学习需求为基础,满足其学习偏好。个性化学习只有在开放互联的学习环境下才能实现。

2. 工业时代教育的关键特征:标准化和掌握学习

在工业时代,教育活动强调在封闭的校园环境下,通过班级授课让学生掌握基础知识与基本技能,这种教学模式简称"双基"教学。"双基"教学的目的是让学生在反复练习中掌握基础知识与技能,班级授课这种教学形式也很好地契合了工业时代的发展需求。

一直以来,我国基础教育课程改革都强调让学生自主探究、协作学习,但相较于传统工业时代的教育来说,我国现阶段的教育并未表现出太大的区别。在从标准化教育转向个性化教育的过程中,教育信息化将发挥极其重要的作用。

(三)技术驱动产业升级

近年来,信息技术与通信技术的推动加快了社会信息化的发展,对诸多社会领域、社会层级及社会系统产生了影响,教育行业就是其中之一。在行业转型升级的过程中,先进技术的力量与行业改革的意识发挥着重要的推动作用,具体表现在以下几个方面。

1. 技术驱动教育行业创新学习内容与人才培养目标

传统模式下,教育行业制定学习内容是为了满足社会发展对产业工人的需求。现如今,依托高新技术产业发展起来的知识经济对学生的能力提出了新的要求,以往的学习内容逐渐脱离了社会发展的需求。进入21世纪后,为了创新学习内容,许多国家从自身国情出发,对传统的课程标准及人才培养目标进行了调整与改革。

2. 高速发展的互联网使用户的学习突破了时空因素的限制

随着互联网的高速发展,现实物理世界、数字世界与网络世界都将对用户的学习与生活产生重大影响。其中,人们所处的客观世界为现实物理世界;在现实物理世界的基础上加以创新,由数字化事物、不同事物之间的联系,以及人们的活动构成的世界为数字世界,也就是我们所说的"网络空间";与现实物理世界存在明显差别,借助虚拟现实、人工智能、信息互联网等先进技术手段构建的世界则为虚拟网络世界。现实物理世界、数字世界和虚拟网络世界形成的立体化空间涵盖事物集成、数据集成和语义集成三方面。这几种集成方式能够把分散的事物汇聚到一起,并发现它们之间存在的联系,建立起共同的体系。

数据集成能够依据一定的逻辑,或者在物理层面上把分散的数据汇集起来,用户可以通过公开、有效的方式进行数据搜索与获取,能够促进信息的交流与共享,实现资源的有效利用。语义集成能够依据一定的规则,借助本体技术发现不同词语、概念之间存在的联系,把分散的语义汇集起来,体现用户的线上互动价值,并提高其信息沟通的效率。简言之,事物集成、数据集成、语义集成能够借助人工智能、大数据等技术手段,按照一定的逻辑把不同的事物、数据、语义进行集成,建立完整的知识体系,形成清晰的层次等级,实现大数据在教育领域中的深度应用,促进教育行业与互联网的结合发展,在原有基础上拓展学习空间,提高知识资源的利用率。

3. 身处数字时代下的用户要求改革传统的教学及学习方式

在数字时代下,传统的信息传播方式、教学方法与学习体验,以及学习内容的展现、学习资源的获取方式等,都在技术发展的驱动作用下发生了变化。新时代背景下的学习者要注重与他人之间的互动,以创新、协作的方式解决问题,在学习过程中发挥技术力量的推动作用。为此,要明确教育变革的目的,通过改革传统的教学理念与教学方式,对接学习者的需求。

传统时代,学习者采用的是被动的学习方式,其角色仅限于内容消费者。在新媒体纷纷涌现的今天,学习者开始由被动转为主动,在进行内容消费的同时也能够独立进行内容生产。不仅如此,越来越多的人倾向于选择个性化学习、泛在学习。但在现阶段,学校实施的教学方式及学生可以选择的学习方式不符合学习者的偏好,普遍存在教师、家长对学生了解有限的问题。这是由于在数字时代,传统教学思维已经跟不上时代发展的需求,不符合学生的偏好。另外,因为不同学校的数字化发展程度不同,学校之间开始产生难以逾越的数字化发展差距,导致不同学校之间存在教育质量参差不齐的情况。针对这个问题,在进行教育改革的过程中,要深入分析并把握学习者的诉求,在此基础上创新学习方式,了解他们的生活、学习方式。

利用先进的数字技术手段改革传统的教学模式,丰富学习内容与学习方式,拓宽学习者的选择空间,鼓励学生参与学习内容的生产,并为其提供必要的帮助。近年来,许多国家都在实施教育改革,提高了对个性化学习的重视程度。我国也积极推动教育改革,在具体实施过程中,很多学校从自身发展需求出发,利用数字技术对传统的教学模式进行了改革。新型教学模式在环境、内容、方式等方面进行了调整,使教师的教学与学生的学习呈现出新的特点,有效促进了课程改革。其中,异地同步教学、网络空间教学能够促进不同地区之间的资源交流,缩小区域之间的教育差距;校园在线课程、翻转教学能够颠覆传统的教学与学习方式,提高学生参与的积极性与学习的主动性;能力导向式学习、引导式移动学习鼓励学生发挥其探究精神,提高学生的实践能力。

我国的在线教育目前以继续教育、高等教育与职业培训为主。现如今,我国也在积极尝试基础教育领域的在线教育。举例来说,华东师范大学慕课中心牵头在成立高中 C20 慕课联盟后,紧接着建设了初中、小学的 C20 慕课联盟,希望充分发挥网络平台的优势,将分散在不同校区的优质师资力量集中到一起,利用数字网络技术,培养更加优秀的创新人才。在这个过程中,数字化教学创新模式的普遍应用,有效促进了现代教育的发展。

二、数字化教育现状

(一)技术特征与优势

21 世纪以来,随着数字技术的普及应用,整个教育行业迈进了数字化时代,数字技术逐渐成为非常重要的学习工具。从投影仪、电脑教室到互动课堂、在线教育,数字技术与教学活动结合得愈发紧密,教学方式和学习方式发生了很大的改变。

教育信息化有四大特点,分别是数字化、智能化、网络化、多媒体化。在这些特点的支持下,教学过程中的很多疑难问题都能得以有效解决,推动教育、教学资源实现共享,提升管理、沟通效率,推进素质教育开展。

1. 提升学习效果

在数字化教育环境下,学生一改被动学习的状态,开始主动学习,学习效果显著提升。美国缅因州国家训练实验室的研究结果显示:在传统教育体制下,教师照本宣科,学生根本无法全身心投入课堂,很多知识过耳即忘,学习内容的平均留存率只有 5%,学习效果非常差。但在视听、演示等体验式教学模式下,学生的学习兴趣高涨,对知识的记忆也更加深刻。目前,教师大多选用多媒体演示法开展教学活动,比如在讲解《"天体"运动》时,利用多媒体播放太阳系各行星的运动轨迹,让学生直观地感受天体运动,进而增进对知识的理解,加深对知识点的记忆。除此之外,还有一些学校鼓励学生利用信息技术搜集资料,参与小组讨论,分享自己的知识与经验。总之,这种通过计算机、多媒体引导教学的方法极大地增强了学生的学习兴趣,使学习效果得以进一步提升。

2. 解决教育资源分配不公

经济发达地区与不发达地区之间、城市与乡镇之间存在严重的教育资源分配不均衡问题。据统计:20 世纪 70 年代至 90 年代,北京大学有大约 30% 的学生来自农村;进入 21 世纪以来,北京大学农村学子的占比降到了 1% 左右。这一现象说明教育资源分配不均给农村学生升学造成了极大的影响。

但在信息技术的作用下,农村地区、经济欠发达地区的教学环境有了极大的改善。这些地区的学校通过建设网络学习空间,可以获取优质的数字教育资源,在一定程度上平衡了教育资源落差。正是基于此,我国才大力推进学校数字化基础设施建设和"教育云"建设。

3. 提高管理沟通效率

在数字化教育环境下,校园管理、学校与家长沟通等方面都愈发便利。比如,学校引入教务管理软件之后,学生的学籍管理、档案管理、成绩管理都能实现自动化;在推行校园一卡通之后,图书借阅、食堂消费、宿舍门禁凭一张卡就能完成;在创建了校园网之后,教师可线上备课,通过网络传输课件,及时与家长沟通。

(二)发展阶段与特点

数字化教育的发展可划分为三个阶段:一是计算机辅助教学阶段,二是计算机辅助学习阶段,三是数字技术与课程融合阶段。所处的阶段不同,教育的侧重点也不同。在前两个阶段,数字化教育主要强调发挥学生的主观能动性,鼓励学生利用信息技术主动学习,而在第三个阶段,数字化教育强调利用数字技术创造一个良好的学习环境。

1. 计算机辅助教学阶段

在计算机辅助教学阶段,计算机、数字技术的主要功能是为教师服务,信息技术、多媒体设备是用来辅助教学、科研、管理工作的工具。在数字化教育发展初期,学校采购了很多硬件设施,比如台式机、电子白板、投影仪等,用这些设备代替原来的挂图、小黑板、幻灯片为教学活动提供辅助,通过演示解决教学过程中的重点、难点。特别是那些比较抽象的知识点,利用数字技术形成交互式的三维图像可以让学生产生真实的体验,便于理解,激发学习兴趣。

在此阶段,教师及其他学校管理人员开始利用计算机进行教学管理,比如管理教学资源及教学流程等。这不但提升了教师的工作效率,推动整个教学过程顺利开展,还能实时反映学校各项工作的开展状态。目前,在我国发达地区,一些学校已根据需要创建或者购买了教学管理系统,各个子系统相互独立。随着数字技术不断发展,管理需求越来越多,学校势必要构建一体化的教学管理平台。

2. 计算机辅助学习阶段

在计算机辅助学习阶段,学生要利用数字技术主动参与学习。随着基础硬件设施不断普及,校园网络、网络课堂均得以构建。在此阶段,在信息技术的支持下,教学模式从"以教为主"转变为"以学为主",学校开始重点关注学生对数字技术的使用情况,鼓励学生利用数字技术主动获取学习资源,开展学习活动,比如主动利用计算机搜集资料,解决学习过程中遇到的疑难问题,构建探索性的学习环境。

也就是说,这个阶段不仅注重用计算机辅助教师教学,更倡导用计算机辅助学生学习。在此阶段,数字化教育方面的投资主要集中在硬件设施、软件设施升级方面,比如完善网络,引入交互式电子白板等新型硬件产品,建设多媒体教室、教育资源中心、网络教室,为学生创造主动学习的教育环境。

3. 数字技术与课程融合阶段

在数字技术与课程融合阶段,数字技术全面融入教学过程,创造了开放的学习环境,在这个环境中,学生可以自主探索、分享资源、合作学习、多重交互。学生甚至可以利用数字技术与名师交流,自主选择学习科目,自行制订学习方案。在此阶段,线上教育开始与线下教育融合,学校、学生、教师之间的关系发生了极大的改变,整个教育行业开始变革,教育机构开始重组,教育资源开始重新分配。

数字技术与课程融合阶段会形成一个智慧学习的生态环境,这个学习环境具有泛在性、普适性的特点。在此阶段,学生会对校内外的各种资源进行整合应用,开展学习活动,在线教育将飞速发展。

(1)智慧学习空间:数字化教育的目标之一是打造一个智慧学习空间。为实现这个目标,就需要打通数字化教育的"云""管""端",打造一个集智慧校园云、智慧教室、智慧校园、智慧终端于一体的多层智慧学习空间。通过互联网,家长、教师、学生可随时登录"教育云"平台,增进沟通,共享资源。在这个环境中,家长、教师、学生这三大主体既是资源的提供者,也是受益者。同时,在一体化的信息系统中,数据可以不断积累,通过数据挖掘与智能决策可以将学生的学习路径记录下来,从而打造个性化的学习方案。

首先,以"教育云"为中心创建顶层平台,对课程、习题、资料进行整合。"教育云"平台为师生提供包括平台服务、教育应用软件服务在内的综合服务,其中平台服务指的是教育云集成管理平台,教育应用软件服务提供了包括远程教学系统、电子书包系统在内的各类软件应用服务。

其次,打通"云""端"之间的大容量智能化信息管道,包括改造教育网络、升级网络带宽、普及 5G、无线网络等。只有信息管道畅通,才能真正创建出互联互通、资源共享的开放学习环境。

（2）智慧学习生态：数字化教育的另一个目标是打造一个"泛在学习"的智慧学习生态。"泛在学习"指的是时时刻刻、随时随地学习的一种学习状态。在泛在学习环境中，学生根据自己的需要选择合适的学习空间与学习方式。在这个环境中，所有实际空间都能成为学习空间，知识获取、存储、编辑、表现、传播、创造打破了对教师和校园的依赖，校园、校外、线上、线下实现了全面联通，真正形成了"以学生为中心"的教育生态。

在此阶段，K-12在线教育市场将实现大爆发。过去，因为我国教育行业的网络环境还没有完善，家长对在线教育存在各种担忧，导致线上K-12课外辅导的发展速度比较慢。在"泛在学习"的智慧学习生态形成后，所有学习空间都将被打通，学校、家长将以更加包容的态度对待在线教育，K-12在线教育市场将实现迅猛发展，大量学生将从线下转向线上。

（三）发展现状与目标

1. 我国教育信息化发展不平衡

我国教育信息化发展不平衡有三大表现：第一，教育应用落后，虽然部分学校建设了多媒体教室、教学资源中心、网络教室，完善了硬件环境，但相关的教育应用比较少，信息孤岛问题依然存在；第二，缺乏优质的教育资源，资源无法共享，大量优质的课件、素材、资源分散在各个学校的教师手中，导致资源被极大地浪费了；第三，缺乏数字化教育人才，教师培训内容依然是课件制作，课程设计一味地套用国外的模式，数字技术没有真正地融入教学过程。

2. 把数字化教育上升到国家战略高度

党的十九届四中全会提出《中共中央关于坚持和完善中国特色社会主义制度推进国家治理体系和治理能力现代化若干重大问题的决定》，对教育事业的发展做出了明确规定："发挥网络教育和人工智能优势，创新教育和学习方式，加快发展面向每个人、适合每个人、更加开放灵活的教育体系，建设学习型社会。"

对于智慧城市来说，数字化教育、智慧教育是非常重要的组成部分。作为民生改革的施力点，教育在智慧城市数字化建设方面发挥着至关重要的作用。国家"十四五"规划总体部署和教育部印发的《2020年教育信息化和网络安全工作要点》,是党的十九大召开后编制的第一个五年规划,也是贯彻落实全国教育大会精神和《中国教育现代化 2035》的第一个五年规划,其重要意义不言而喻。与《中国教育现代化 2035》加快信息化时代教育变革的要求同频共振,成为教育信息化在"十四五"期间发展至关重要的前提条件。

3. 三通两平台是当期建设重点

现阶段,"三通两平台"是数字化教育的重点建设对象。其中"三通"指的是宽带网络校校通、学习空间人人通、数字资源班班通,"两平台"指的是教育资源公共服务平台、教育管理公共服务平台。《2014 年教育信息化工作要点》提出:大力推广"中心学校带教学点"的教学模式,加快"一校带多点""一校带多校"模式的形成,对利用数字化技术拓展优质教育资源覆盖面的机制进行探索,"三通两平台"建设为教育资源分配不均问题提供了有效的解决方案。

在"三通两平台"的支持下,教育系统的数字化水平得以切实提升,互联互通、资源共享均得以实现。正因如此,"三通两平台"成为当前数字化教育建设的重点。在"三通"中,校校通是基础,班班通是关键,两者相互作用构建了一个智慧化的学习空间,人人通则是最终目标。"三通两平台"建立后,学校级、区县级的教育应用才能实现大规模应用,才能真正构建起智慧学习生态。

三、数字化教育相关科技发展趋势

(一)VR、AR 与 MR

新一代的数字技术促进了合作学习与互动学习的发展,它是数字化教育在科技层面的一个显著发展趋势。VR 虚拟现实技术、AR 增强现实技术与 MR 混合现实技术是数字化科技在教育领域发挥作用的最典型代表,这些技术可以同步创造内容有趣、参与度高的沉浸式课程,从而提高教师的教学效果。

VR 是虚拟现实技术,其特点是沉浸式体验,其所独有的教育形式就是戴上 VR 眼镜,完全沉浸在一个虚拟的世界中。VR 虚拟现实技术能够将外部世界带到教室,也能将教室带到外面。

AR 是增强现实技术,这种技术特征决定它必须建立在真实的环境中,多用于日常生活或工业级的培训。比如修理汽车,一个初级学徒戴上 AR 眼镜站在一辆需要修理的汽车前,AR 眼镜通过捕捉汽车的特征值,然后通过自带的修车程序来指导学徒进行修理操作。

MR 是混合现实技术,它就相当于 AR＋VR 的组合,它是数字化现实与虚拟数字画面的结合,它具有虚实融合、深度互动、实现异时空场景共存等教育特征。如果说 VR 仅创设虚拟空间,AR 将虚拟信息简单叠加到现实世界,那么 MR 技术则模糊了虚拟与现实世界的界线。

在交互性方面,一是人与 MR 场景的交互。MR 结合了 VR 和 AR 的优势,可实现人与 MR 场景的深度交互。依托于传感技术,用户在体验的过程中能够感知 MR 环境中的画面变化、震动、语音等多方面的实时信息反馈,并能够通过触摸、手势、体感、语言等多种形式与 MR 环境进行交互,进而形成一种自然有效的信息回路。二是 MR 环境下人与人的交互。MR 学习环境能够为学习者提供更丰富有效的交流互动手段,该特征与教育结合,可以进行在线学习、模拟仿真、具象教学等方面的应用。

另外,MR 在实现虚拟与现实深度融合的同时,可将不同时空下的场景通过计算机技术进行结合,实现异时空场景共存,也可将位置不同的学习者的虚拟影像耦合连接在同一个在线虚拟的环境中。该特征与教育领域结合,将对远程指导学习、在线协作学习等具有很大的启发意义。

(二)从传统教室走向智慧课堂

让学生获得智慧化的学习环境,是数字化教育落地的重要基础,而新一代数字技术的发展使打造这种环境成为可能。具体来看,智慧学习环境涵盖了线上线下、课内课外的一系列促进学生个性化学习与发展,提高其能力与综合素质的学习场所、平台及环境。

课堂是学校教育的核心载体,在智慧学习环境建设中具有举足轻重的地位,它不但包括线下课堂,还包括虚拟课堂,以及线上线下结合的智慧课堂。在智慧课堂中,智慧教育云平台提供数据存储、分析及服务支持,通过物联网将移动设备和智慧教育信息系统无缝对接,实现云、网、端数据的自由高效流动,并且能够根据课堂实时状况进行动态数据分析,及时调整教学内容、教学方式方法等。

智慧课堂具备的以下优势,将使其未来具有十分广阔的发展空间。

(1)教育教学决策数据化:它通过对海量的教学过程数据进行深入分析,掌握教学实时动态,根据学习效果调整教学策略与方案。

(2)实时评价反馈:可以让教师改善教学方式、调整教学内容,让学生更有针对性地获取知识。

(3)立体化交互:借助物联网、移动智能终端等技术与设备支持,学习者与教师、教师与教师、学习者与学习者都能进行无缝沟通。

(4)智能化地推送资源:可以结合学习者学习效果评估及其个性化学习需求,进行学习资源的定值推送,提高其学习兴趣。

数字经济时代,强调教学经验的传统教育思维模式不再是唯一,基于数据分析结果开展教学活动将成为主流趋势,当然,这需要对教学全过程的数据进行高效采集、分析及应用。数据是移动互联网时代的重要战略资源,是智慧教育的重要支撑。

在智慧课堂中,通过教学全过程动态数据开展学习测评分析是一大特色,最终建立以数据为支撑的教学模式,教学成为实证性科学,而不是经验主义大行其道。

课堂互动、学案、考试、测试、即时反馈、学生作业等各类教学数据,能够还原教学全过程,可以对学习行为、学习效果、教学方式方法考核评估提供有力支持。

在实时采集教学数据的同时,可以通过大数据技术对其进行深入分析,寻找教学内容、教学方式等与学生学习行为、效果之间的联系与规律,辅助教学决策,提高教学质量。

(三)人工智能

人工智能(AI)技术早已在很多领域得到广泛应用,在教育行业,对人工智能技术的运用同样是未来行业发展的一大趋势。

人工智能技术的本质是计算机技术发展到一定程度"融合"的结果,是通过对计算机硬件与软件的结合,实现用于模拟、延伸和扩展人的智能的理论、方法、技术及应用系统的一门新的技术科学。比如机器人领域、语言识别、图像识别、自然语言处理等所有与之相关联的领域,都属于"人工智能"(AI)。

人工智能的应用早就证明是有效的,比如澳大利亚迪肯大学引进了国际商业机器公司(IBM)的技术平台沃森,为学生提供一周 7 天、每天 24 小时的虚拟咨询服务。这些虚拟顾问一学期就处理了 3 万多个问题,使得人力顾问有时间去应对更复杂的问题。人工智能的另一项应用是聊天机器人。聊天机器人引入了自然语言处理技术,因此能够像人类一样回答与作业相关的问题,帮助学生处理文件。

再比如美国的计算机科学家乔纳森研发了一款可进行英语语法纠错的软件,能够联系上下文去理解全文,然后做出判断,它提高了英语翻译软件或程序翻译的准确性,解决了不同国家之间人员的交流问题。语音识别和语义分析技术的进步,使得自动批改作业成为可能,对于简单的文义语法,机器可以自动识别纠错,甚至是提出修改意见,这将会大大提高教师的教学效率。

在中国,人工智能在教育领域的应用也早有先例。

在 2017 年,北京创数教育就以"让每个学生听得懂课、让每个学生顺利学习"为出发点,推出"人工智能助教"产品,模拟一名优秀的特级数学教师,利用自适应的手段,对每个学生每个章节内容的学习进行课前学能分析。人工智能会将课前前置知识切分成若干小块,针对每个学生的学前薄弱环节进行一对一辅导,从而帮助学生解决课前知识准备不足问题,最终帮助更多学生顺利听懂学校校内课程。

截至目前,北京创数教育的"人工智能助教"已经在北京、广东、广西、湖南、湖北、河南、河北、山西、云南、新疆、宁夏等省、自治区、直辖市数百所学校进行智能化教育,取得显著的成果。

人工智能在教育中的应用还包括个性化学习、课程质量与教学内容评估,以及运用智能辅导系统促进一对一辅导等。数字教育发展的目的不在于取代教师,而是辅助教师的教学。

(四)从标准化生产到个性化学习

传统工业时代,生产强调规模化、标准化、任务化,教育人才培养亦是如此。中国教育也确实培养出了一批批具备基础知识技能、符合标准与规范的标准化人才,为我国经济建设与社会发展提供了巨大推力。然而进入移动互联网时代后,消费升级、同质竞争等要求敏捷、柔性生产,标准化人才培养已经无法适应市场竞争需要,更需要培养富有创造力的个性化人才。数字化教育打破了大规模批量生产标准化人才的传统教育模式,通过人工智能、物联网、大数据等新技术赋能教育,发展个性化、定制化教育。

个性化学习的实现,需要从教学内容、方式方法、组织形式等多种维度进行改造升级,分析学生学习档案库历史数据记录,对教学计划及教学内容进行动态调整,充分满足学生的个性化学习需要。

同时,帮助学生寻找真正适合自身的学习方法,通过分析学习行为与过程数据,掌握学生学习习惯、认知能力、兴趣爱好等,为其设计个性化的学习方法,提高其学习积极性。此外,打造个性化、定制化的学习场景,让学生获得沉浸式体验。

通过运用新技术推动课堂教学结构性变革是智慧教育的重要标志。在数字技术刚开始应用到教育领域时,部分学校通过微视频开展翻转课堂教学,将学习决定权交给学生,教师不再在课堂时间教授知识点,学生在课前通过看视频讲座、听播客、阅读电子书等方式获得这些信息,并且在线上与其他学生交流分享,引发了传统教学流程变革。随着数字技术的更新迭代以及在教育领域应用程度的日渐加深,数字化教育将会引发课堂教学的结构性变革。

要大力发展数字化教育,必须对传统教育系统进行结构性变革,而学校教育系统结构性变革是教育系统结构性变革的关键所在。同时,课堂教学又是学校教育的核心载体,所以,实施课堂教学结构性变革成为发展智慧教育的必然选择。

数字化技术在教育领域应用初期,以翻转课堂的形式颠覆了传统教学流程,让学生课前自主学习并讨论,课上学生与老师有更多的时间进行互动交流。但这种流程变革属于浅层次革新,效果是相对有限的,而智慧教育是信息化教育的高级阶段,其发展将会推动传统教育的深层次变革,从翻转课堂的流程颠倒转变为智慧课堂的结构性变革。

数字化教育以人为本,能够满足学生个性化学习需要,强化教师的服务职能,让学生获得更为丰富多元的学习工具以及人性化、智能化的学习环境,立足学生个性,促进全面发展。

(五)游戏化

当游戏变成一种辅导工具,娱乐和学习就联系在了一起。游戏化学习工具可以把抽象艰涩的学习内容变得有趣,更有互动性。随着科技的进步,各个学科开始运用游戏辅助教学,这将成为数字化教育的一大趋势。

通过游戏化的形式把知识和传授行为应用于教学环节中,把学习的控制权交给学生,教育工作者从基础知识的传授中解放出来,专注并不限于基础知识的引导学习和理解,让教育工作者将更注重学生学习习惯和思维习惯的培养。

另一方面,游戏反映了真实世界的问题,学生需要运用相关技能才能够解决这些问题。虚拟游戏世界为学生应用新知识、做出关键决定提供了独特的机会,学生在游戏过程中可以识别障碍,从多角度考虑问题,也可以练习解决问题的能力。比如通过电子视频游戏的形式,把知识和传授行为应用于教学环节中,让学生通过娱乐和相关游戏元素形成学习的兴趣。

教育电子视频游戏既不是互动教科书,也不是行为模拟器。这两者都是行之有效的学习工具,它们都利用了人类最轻松容易的学习方式——亲身体验。大脑的结构让我们通过体验去学习,尤其是强烈的体验。在精心设计的教育电子视频游戏中,玩家会成为事件的一部分。他们能够响应游戏中所发生的事情,他们的反应又会影响到游戏中接下来将发生什么。

游戏化应用在教育中,现阶段属于一种学习兴趣的开始,在未来它会像一条线一样,在其他教育数字化的形式中配合应用,为整个教育数字化发挥作用。

第三节 高职教育数字化转型的目标、动力与路径

一、概述

当今世界,数字经济已经注入加速创新、引领发展的新阶段,数字经济发展决定着数字化时代国家发展的主动权。《中华人民共和国国民经济和社会发展第十四个五年规划和 2035 年远景目标纲要》将"加快数字化发展、建设数字中国"单独成章,并将"智慧教育"作为"十大数字化应用场景"之一规划建设。近年来,高等教育数字化转型问题受到世界各国政府、教育家和学者的强烈关注,相关研究也如火如荼地展开。李文静等学者对德国职业教育数字化转型的背景、战略规划、整体布局等进行分析和总结,为我国职业教育转型提供经验借鉴。祝士明等学者对我国职业教育数字化转型现状、动因、价值进行探究,提出符合中国特色的职业教育数字化转型之路。教育部部长怀进鹏在 2022 年全国教育工作会议等多个场合提出,要实施教育数字化战略行动,推动实现教育数字化转型。

职业教育作为与产业联系最为紧密的教育方式之一,是受经济发展和产业变革影响最大的教育类型。以 5G、大数据、云计算、区块链、数字孪生和物联网为代表的新技术发展将深刻影响职业教育的教学理念、教学方式、教学内容和教学目标,进而重构职业教育生态系统。推动职业教育数字化转型是新时期增强职业教育适用性的重要举措,是进一步凸显职业教育类型特征和实现职业教育"弯道超车"的重要契机。当前阶段,明确职业教育数字化转型的目标、分析职业教育数字化转型的动力、探索职业教育数字化转型的实践路径,对我国职业教育数字化转型具有现实价值。

二、职业教育数字化转型的目标

职业教育数字化转型是职业教育适应数字化时代发展需求而进行的"主动求变"的过程,是增强现代职业教育体系适应性的重要手段。职业教育数字化转型的目标主要包括吸纳多元主体办学、实现数字治理、

推动教学变革、改革评价模式、促进教育公平等。

（一）办学模式：单一主体向多元主体转变

长期以来，我国职业教育的办学主体主要是政府或者少数企业，参与职业教育办学的企业也仅限于民办职业院校的举办者，缺乏广泛的行业和企业参与，造成这一现象的主要原因是我国职业教育的办学目标更多的是强调公益性，这与企业逐利性的本质存在矛盾，因而企业主动参与职业教育的积极性并不高。在数字化时代，政府、企业和职业院校三者通过大数据、信息化更容易寻求利益交互点，实现"共赢"的局面。首先，政府可以通过"数字政府"平台，为职业教育搭建信息化产教融合平台，加强对企业参与职业教育过程的监督与管理，以实现在"政策"和"资源"方面的精准"投放"，调动企业的积极性。其次，企业可以利用大数据匹配，通过现代学徒制、订单班等形式与职业院校联合开展育人工作，数字化时代企业参与职业教育的便利性将增加，而成本会大大减少，校企之间通过智慧化实训室、虚拟仿真实训中心、AI伙伴和信息化平台实现资源共享、优势互补，可轻松实现将企业生产现实场景转换为学生虚拟仿真实习等内容，进而通过职业院校的教学活动完成企业所需技能人才的职前培训，降低企业用人成本，提升企业参与职业教育的直接收益。再次，职业院校的办学形式将更加灵活，学历教育与职业培训将进一步平衡，职业教育的对象更加广泛，包括普通学生、企业一线技术人员、新型农民、退伍军人等，职业教育将成为形式上更加丰富、时间上更具弹性、内容上更有针对性、模式上更加混合的"技术技能人才培训中心"，为学习者提供更开放、更灵活的学习形式，实现泛在学习和终身学习。由此可见，随着数字化时代的到来，参与职业教育的办学主体和教学主体必将更加丰富。

（二）治理模式：传统治理向数字治理转型

教育部在 2022 年工作重点中明确提出，"要实施教育数字化战略行动，加快推进教育数字转型和智能升级"，从国家层面明确了教育数字化实施要求。职业教育要实现数字化，必须先在治理模式上实现转变，摒弃传统的窄口径、多部门、长链条管理模式，实现向数字化治理模式转型。首先，以人工智能、大数据和云计算为主要特征的数字化管理，将通过深入分析和挖掘学校办学和管理过程中的各类数据,加大数据分析应用的力度、深度和效度,实现治理目标精准化、治理主体多元化、治理措施即时化、治理过程可视化、治理决策科学化,进而助推职业教育实现"数字治理"。其次,在数字化治理模式下,管理手段和工具将进一步智能化,学校治理将更加依赖新型基础设施、信息化平台和数据实时交互等信息手段和工具,新技术和设备的运用必将对职业教育管理模式、评价模式、育人模式等产生重大影响,甚至重构职业教育治理新生态,提升职业教育治理的有效性、适应性和可持续性,推动职业教育实现"智能治理"。总之,数字化治理背景下职业教育治理将在决策科学性、举措有效性、治理时效性、工具智能化等方面得到质的提升。

(三)教学模式:现实教学与虚拟教学融合

教育模式是教育在一定社会条件下形成的具体式样,教学模式是随着经济社会和教育发展进程而不断更新迭代的知识"迁移"方式。数字化时代,职业教育教学模式将从现实教学、线下教学逐步转向虚实结合、线上线下融合的方式,主要变化体现在以下几点。首先,教学方式多元化。教师可通过现场教学、"云课堂"、慕课、微课等教学形式开展理论与实践课的教授,学习者可以根据自身情况选择适合的方式开展学习,这样能够增强职业教育教学形式的个性化与适应性。其次,教学过程场景化。借助新型实训室、虚拟仿真实训室等信息化教学技术,职业教育将围绕"产、学、研、训、赛、创"六位一体的教学目标重组教学流程,以虚拟仿真和数字孪生技术将教学过程与生产过程有机融合,将岗位场景转化为教学场景,提升学生实践学习的适切性,解决传统职业教育受制于实践教学场地,进而导致学生实践教学质量不如意的问题。再次,教学主体广泛化。数字化时代,"教"和"学"的主体和对象将在一门课程中、一堂课中反复"易位",教师和学生的身份将进一步模糊,特别是在虚拟仿真技术应用场景下,以学生为中心、以数字化教学资源为中心的新型职业教育师生关系和教与学模式将逐渐转变和确立。最后,教学内容模块化。适应数字化转型,职业教育教学内容将进一步模块化,校内教师、企业教师、"AI 教师"等将根据专业特长、能力特点分工协作,共同完成课堂教学,学习者将不再依靠传统教材、传统课堂接受新知识,而是通过信息化手段多渠道获取系统化、个性化、弹性化的教学内容,拓宽学习者的时空场域。

(四)评价模式:结果性评价向全过程评价演进

教育评价一直面临着科学性不足、反馈作用发挥不充分的窘境。这里的教育评价主要指教育主管部门对职业院校的评价和职业院校对学习者的评价两个方面。传统的评价方式,无论是针对职业院校还是针对职业教育对象,由于缺乏有效的评价工具、评价标准和过程数据,往往局限于结果性评价,而忽视过程性的评价。《深化新时代教育评价改革总体方案》明确提出要"改进结果评价,强化过程评价",在数字化时代,利用大数据和人工智能优势,可以将学校办学过程、育人成效、研究成果、服务区域产业和经济发展等情况以数据形式呈现在职业院校综合评价系统中,进而实现对职业院校的办学情况进行全方位、全过程、立体式评价,提高教育评价的科学性、专业性、客观性。同样,通过数字化转型升级,职业院校能够对学习者进行全数据采集和分析,科学、准确、全面地测评学习者在学习过程中表现出的学习能力、学习态度、学习成绩等,同时根据学习者过程性评价结果及时分析反馈和适时干预指导,真正建立起德、智、体、美、劳综合评价体系,实现过程评价的增值效应。

(五)发展模式:优先发展向均衡发展迈进

我国职业教育受区域产业结构和经济社会发展等因素影响,发展中存在不均衡的现象,整体呈现中西部地区数量少、发展水平低,东部和沿海城市体量大、发展水平高的形势。2019年,国家遴选"双高计划"院校,东部省份入选101所,超过中西部地区的总和,这也从侧面暴露出职业教育"东强西弱"的客观现实。从振兴中西部经济和促进就业的角度来讲,中西部地区恰恰更需要职业教育的助推。实现职业教育从优先发展到均衡发展是职业教育数字化发展的现实目标。首先,实现先进办学经验共享。我国职业教育通过"示范校""骨干校""双高计划"等一系列"培优"工程建设,目前积累了不少先进的办学经验,职业教育数字化发展,有利于将办学理念、办学过程、办学成果与欠发达地区共享,真正实现东部地区与中西部地区职业教育协同发展。其次,实现优质教学资源共享。在职业教育领域,国家层面目前建设了"国家职业教育智慧教育平台""职业教育教学资源库"等平台,这是教育部打造职业教育数字化"1
＋5"体系的内容之一,平台中集聚了大量优质教学资源,实现了国家层
面优质教学资源的共享,在消除职业教育"数字鸿沟"方面迈出了一大
步。再次,实现办学成本的降低。长远来看,虚拟仿真实训的应用将大
大降低职业教育的办学成本,学校不需要购置大量价格高昂的实训设
备,通过虚拟仿真中心和实训软件就可以实现高质量、最前沿的实习实
训条件,解决产业基础、办学经费、实训场所等现实条件造成的教育教学
资源不均衡的问题。

三、职业教育数字化转型的动力

职业教育数字化转型既受到外部环境变化的影响,也有自身发展的
内在需求。外部环境变化包括数字经济发展、新冠疫情演变及教育公平
期待等带来的"被动式"变革动力,内部发展需求包括职业教育类型化发
展、职业院校适应性转型及职教学生自我价值追求等带来的"主动式"应
变动力。在两类因素的共同作用下,职业教育不断适应数字化发展趋
势,进行自我优化与改造,完成数字化转型。

(一)辐射动力:数字经济快速发展的带动效应

2016 年,G20 杭州峰会通过的《G20 数字经济发展与合作倡议》明确
阐述了数字经济的概念,数字经济是以 5G、互联网、大数据、虚拟现实等
数字化技术为典型特征的经济活动。2022 年 7 月,中国信息通信研究院
发布的《中国数字经济发展报告》显示,2021 年,我国数字经济规模达到
45.5 万亿元,占 GDP 比重达到 39.8％,相较于 2016 年数字经济规模
22.6 万亿元增长了 1 倍。数字经济的发展带动了新业态、新模式的不断
涌现和更替,推动现代产业持续变革,产业变革势必引起人才需求的改
变。2021 年 9 月,中国信息通信研究院发布的《数字经济就业影响研究
报告》显示,截至 2020 年,我国数字化人才缺口达 1100 万左右,且随着数
字化经济发展,这一缺口将持续扩大。

数字经济发展引起的产业革命在需求端深刻影响着职业教育人才
培养方向和全过程,具体体现在数字化产业发展带动数字化专业设置变
革、数字化人才需求带动数字化人才培养变革、数字化技术分工带动数
字化模块教学变革、数字化人才培养带动数字化教师队伍建设变革、数

字化教学模式带动数字化职教外延拓展等方面。数字经济通过产业数字化变革带动职业教育数字化,进而成为职业教育数字化转型的强大动力,以培养具有数字化素养的新型职业技术技能人才,从而提升职业教育适应性,满足数字经济时代对数字化人才的极大需求。

(二)势差动力:追求教育资源公平的社会效应

职业教育资源公平包含两个维度:一是针对受教育者而言,所有人接受职业教育的权利和机会是公平、平等的,不同地区间教育资源相差无几,这是职业教育资源的内部公平;二是职业教育与普通教育在发展机会、获取资源和社会认可方面享受公平的对待,这是职业教育资源的外部公平。然而在现实中,两个维度上的公平均未能实现,从职业教育内部来看,截至 2022 年 10 月,在全国已经公布 2021 年部门决算的 332 所高职院校当中,深圳职业技术学院以决算总经费 30.9 亿元位居第一,但最低的高职院校年度决算总金额仅为 678.6 万元,两者相差近 456 倍;从职业教育外部来看,2021 年全国教育总投入 53033 亿元,职业教育总投入 5630 亿元,占比仅 10.6%,职业教育资源在内外部均呈现出严重的不均衡性,即教学资源在不同教育类型和不同职业院校之间存在"势差"。要消除职业教育内外部资源不均衡,都离不开职业教育数字化转型的助推。首先,数字化转型能实现优质教育资源的"转移支付",获取教育资源较多的职业院校通过现代信息技术将优质资源成果共享给欠发达地区,以此弥补欠发达地区办学经费不足、产业支撑不够、师资队伍欠缺等不足,实现职业教育内部平衡。其次,数字化转型升级有利于职业教育获取外部"资源补偿",进而实现与普通教育拥有同等甚至更多、更丰富的教育资源,数字化转型将使职业教育的办学模式更加灵活、办学外延进一步拓宽,数字化时代更有利于职业院校通过与企业联合开展技术技能培训、应用技术转化、工艺流程优化、横向课题研究等校企合作模式创新获取外部办学经费支持;通过校企合作、订单班、学徒制等人才培养模式创新获取企业兼职教师支持;通过混合所有制、产业学院、校中厂、厂中校等办学模式创新获取行业企业教学场地和设备支持等,进而实现职业教育与普通教育的资源均衡化。

(三)内生动力:实现职业教育类型发展的优化效应

职业教育数字化转型不仅受到外部环境变化的影响,也有自身发展的内在需求。首先,职业教育想跟上普通教育步伐的愿望非常迫切。《国家职业教育改革实施方案》明确了职业教育作为一种类型教育的地位,为职业教育发展描绘了"蓝图"。但是,受当前供给侧和需求侧的影响,职业教育并不被广大学生家长及社会所认可。《教育家》杂志2021年11月发布的《中国职业教育发展大型问卷调查报告》指出,企业、家长和学生均认为社会认可度是职业教育发展面临的最大困难,当然,这只是当前职业教育发展诸多困境之一。与普通教育相比,职业教育目前最大的问题在于办学特色不突出、教育体系不健全。职业教育迫切希望抓住现代信息技术快速成熟的时机,通过数字化转型拓宽职业教育的外延和内涵,增强职业教育适应性,突出类型教育特点,进而实现"弯道超车"。其次,职业院校要顺应产业发展形势的现实需要,服务于区域经济社会和产业发展是职业教育的出发点和落脚点。数字化经济催生数字化产业和产业数字化转型,职业教育作为高技能型人才培养的"摇篮",势必要适应产业转型形势,精准做好"五个对接",即专业与产业、职业岗位对接,课程内容与职业标准对接,教学过程与生产过程对接,学历证书与职业资格证书对接,职业教育与终身学习对接。根据以往的经验,职业院校在专业设置、课程教学和学生考证等方面往往要滞后于市场,职业院校的教学内容、教学手段、教学设备甚至已经是市场淘汰已久的,这种情况与"以就业为导向"的职业院校办学目标是严重背离的,这也是导致目前职业院校毕业生不被社会广泛认可和接受的主要原因之一。数字化转型可为职业院校提供及时的专业需求、岗位需求、能力需求等信息,同时,可通过产教融合、虚拟现实、人工智能等先进的仿真实训环境,为职业院校人才培养精准对接产业发展需求打下坚实基础。由此可见,数字化转型是职业院校抢抓数字经济机遇,实现办学质量和办学效益提升的重要举措。再次,职教学生要适应企业岗位需求的价值追求。根据人力资源理论逻辑,教育是实现学习者自身价值增值的重要途径,学习者选择接受职业教育,本质上是通过职业教育获得前沿的理论知识、先进的技术技能和解决复杂工程问题的能力等,进而更好地实现自我价值和社会价值,这种价值的实现要求受教育者必须适应社会发展要求。具体就职教学生而言,接受职业教育是为了更好地适应未来产业发展和岗位工作需要,而数字化经济时代,各行各业都开始数字化转型,接受数字化教育自然而然成为了职业教育学习者的内在追求。

四、职业教育数字化转型的实践路径

职业教育数字化转型是职业教育领域适应经济社会和产业发展变革的重要举措。我国职业教育数字化转型还处于起步阶段,需要国家、地方、行业企业和学校建立起多层级、多主体协同共建的工作机制,从教育观念更新、软硬件设施设备投入、数字化教学资源开发、教育评价改革、办学主体优化等方面入手,提升职业教育发展体系、办学体系、教学内容和教学方式、评价体系的适应性和可持续性,助推职业教育数字化转型。

(一)新理念打开新局面:增强职业教育发展体系适应性

职业教育数字化转型是一项系统性工程,具有全局性、复杂性和不确定性等特点,涉及文化、劳动力和数字技术等方面的转型过程,同时,职业教育数字化转型是适应数字化经济和数字化产业发展需求的必然趋势,发展过程受社会经济、产业、企业等外部因素影响较大。因此,要实现职业教育高质量数字化转型,必须从宏观、中观和微观三个层面做好转型准备工作。首先,国家层面抓制度体系建设。任何领域变革的实现,一般都需要经历"理念革新""制度和标准框架制定""基础设施建设及人员培训""变革的实施及反馈强化"等阶段。国家宏观层面应通过制定政策法规、框架标准、实施方案等来保障职业教育转型的实施与实现。2022年4月,新修订的《中华人民共和国职业教育法》提出,"支持运用信息技术和其他现代化教学方式,开发职业教育网络课程等学习资源,创新教学方式和学校管理方式,推动职业教育信息化建设与融合应用",这在法律层面上对职业教育信息化有了明确的指导,但是还缺乏有针对性的框架标准、实施策略和保障举措。因此,国家宏观层面应尽快开展基于信息化发展的职业教育数字化转型目标、技术体系、标准框架、模式流程等的制定工作,出台《职业教育数字化转型参考框架》等国家层面的规范性文件,对职业教育数字化转型的目标要求、发展阶段、核心要素、实施举措、职责分工和保障措施等予以明确。其次,地方层面抓信息平台搭建。我国职业教育发展的不均衡性,决定了在数字化转型过程中,难以按照统一的标准、模式和节奏推进,地方层面应在国家统一的建设框架下出台符合本地区实际的《职业教育数字化转型实施方案》,增加经费投入,着重搭建政校合作、校企合作、校校合作的数字化交流平台,促进先进办学理念、优质办学资源在地区间和本地区共享互通,通过数字化交流平台建设,逐渐消除区域间和区域内的职业教育领域"数字鸿沟"。再次,院校层面抓理念更新和资源建设。职业教育数字化转型的系统性和复杂性,导致转型过程具有长期性和艰巨性,作为改革最小单元的职业院校将在这个过程中进行长期的改革探索。职业院校的领导者和师生必须充分认识到数字化转型是职业教育的大势所趋,是学校生存、教师发展、学生就业的必然选择,对立坚定的全员、全程和全方位改革理念和信心;同时,职业院校要根据国家和地方规划,制定学校《数字化转型实施办法》,结合院校实际,找准本校数字化转型的角色定位并确定步骤过程。具体而言,国家和地方重点院校可着重"资源层"建设,借助自身良好的办学基础和办学条件,为职业教育数字化转型提供办学经验和教学资源,是转型体系中的"输出单元";一般院校可着重"基础层"建设,主要进行网络化、信息化基础设施设备改造,用于接受和展示优质共享资源,保证数字化转型基础条件,是转型体系中的"接收单元"。

(二)"新基建"奠定新保障:增强职业教育教学方式适应性

职业教育数字化转型对职业院校信息化、数字化支撑条件提出了新的要求,然而由于职业教育整体投入相对不足,职业院校普遍存在基础网络不稳定、信息化设备老旧或缺失、信息化素养偏低等问题。要顺利实施职业教育数字化转型,必须着力解决以上问题,加大教育经费专项投入,开展教育领域数字化转型"新基建"工程,重塑职业教育生态系统。2021年7月,教育部等六部门联合印发的《关于推进教育新型基础设施建设,构建高质量教育支撑体系的指导意见》提出,"到2025年,基本形成结构优化、集约高效、安全可靠的教育新型基础设施体系,并通过迭代升级、更新完善和持续建设,实现长期、全面的发展。"数字化时代,职业教育教学方式将由以往单纯的线下教学转为线上教学或线上线下混合式教学,届时,教学理念呈现多维性特点、教学手段呈现复合性特点、教学内容呈现跨界性特点、课程结构呈现理实一体性特点。职业教育要适应这一教学方式变革,满足实训、实践类课程教学的需要,必须加大数字化"新基建"投入,进一步完善基础网络、提升信息化教学手段和健全智能化教学装备,要建设适应 5G 网络、虚拟现实技术、数字孪生技术、大数据共享等情景式、沉浸式教学需求的软硬件设备设施,为职业教育"卡位抢跑"提供动能,为其实现高质量发展提供物质技术基础。以德国为例,为推动"职业教育 4.0"数字化建设进程,联邦政府从"数字基础设施"专项基金中拨款 50 亿欧元,改善学校数字化基础设施,实现了校园网络全覆盖和智慧学校建设。与此相比较,截至 2021 年 12 月,我国中等职业学校在校生 1311.8 万人,可供学生使用的教学计算机(含平板电脑)共计 258 万台,平均 5 名学生拥有 1 台教学电脑,与数字化转型要求差距较大。

(三)新资源变革新课堂:增强职业教育教学内容适应性

数字化时代,各行各业的发展瞬息万变,职业院校人才培养规格须及时进行动态调整,以保持与企业人才需求同频、同向。这就要求职业院校在教学内容上紧扣数字化时代背景,紧盯行业企业需求,按照未来工作岗位要求,对学习者进行能力模块的开发。首先,开发数字化模块课程。数字化时代对劳动者数字能力的要求将进一步提高,特别是职业院校培养的高水平技能型人才,作为产业数字化转型的实践者,必须具备一定的数字化能力。因此,职业院校要针对全体学生开设专门的数字化模块课程,包括数字化通用课程和数字化专业课程等,并探索将学生数字化素养和能力培养融入到其他专业课程教学之中,使学习者能及时掌握新技术、新工艺、新方法、新规范。其次,加强数字教材开发。职业教育作为与生产实践联系最为紧密的一种教育形式,追求教学内容与生产实践内容的高度一致性,这是职业教育人才培养的内在要求。然而,目前我国职业教育普遍存在教学内容滞后于技术、工艺和生产发展水平的情况,主要原因是职业院校教材和教学内容难以做到适时调整。职业院校要通过信息化手段,加大数字化教材和虚拟仿真实训软件开发力度,通过与行业企业、兄弟院校之间合作,对数字教材进行模块化分解,校企、校校充分发挥各自优势,重构教材和教学内容体系。再次,开发数字化教学资源。数字化教学资源的开发与应用是职业教育数字化转型的重要基础,也是体现职业教育数字化转型优势的重要方面,优质数字化教学资源可以通过现代信息技术在不同地区、不同学校之间进行"无损耗"地传输和转移。目前,国家已经重点建设了"国家职业教育智慧教育平台",后续的重点是推动省级层面加大资源平台开发和建设力度,同时,培养职业院校数字化资源开发和应用意识,真正将优质数字化资源利用起来,发挥其数据价值。最后,打造数字化教师队伍。教师队伍是教学的重要资源之一,是教法改革、教材改革、教学内容改革的基础。因此,提高教师数字化资源意识、数字化教学能力、数字化资源开发能力等数字化综合素质,将数字化能力作为新时代职业教育"双师型"教师的基本素养,加强教师数字化教学能力提升培训,使教师能及时将行业前沿技术、岗位能力需要、企业文化、行业规范等融入课堂教学,发挥教师队伍在教育数字化战略落地、教育理念创新与教育模式深刻变革中的核心与关键作用。

(四)新标准推动新评价:增强职业教育评价体系适应性

数字化时代,教育评价和反馈将发生重大变革,"数据说话、数据决策和数据治理"将成为职业教育管理和评价的显著特征。新一代信息技术和人工智能,将使职业院校办学过程、教学过程、学习过程等通过大数据进行"可视化""图像化"处理,这将为职业院校评价、教师评价和学生评价变革带来便利。首先,在职业院校评价方面,要改变过去以"标志性"成果评价为主的评价导向,建立"办学成效、育人成效、转化成效、社会成效"等全方位的评价标准体系,重点评价数字化治理、德技并修、产教融合、校企合作、育训结合、学生获证、学生就业、产业匹配性等方面成效。通过全覆盖、长周期、多方协作的跟踪与反馈,将职业教育办学水平的评价,逐渐回归到"立德树人"这一办学本源;在评价方式上,着重将行业、企业和同行评价纳入评价主体范围,增强评价的客观性、多元性和适切性。其次,在教师评价方面,职业院校要加大智慧校园建设力度,做好教师生涯过程记录,为教师评价变革提供数据支撑,教师评价标准要着重体现"师德为先、实绩为主、学生为本、服务为重"的评价原则,通过师德考核评价、教学评价、科研评价、社会服务评价、学生工作评价等评价维度建立评价标准体系,并通过职称评审、绩效考核、评先评优等外部评价导向将评价标准转化为教师发展的内在驱动力。再次,在学生评价方面,当前我国职业教育领域还存在着导向不合理、方法不科学和反馈不充分等问题,传统的评价方法和手段,难以做到在教学过程和学习过程中对学生进行全流程数据的实时收集和分析反馈。借助人工智能、大数据技术,职业院校可通过校、院信息化平台建设,获取学生在认知结构、能力特征、学业进程、心理动态、健康状况等方面的数据,并据此建立学生"五育"综合评价标准,增强评价标准的适用性。

(五)新主体构建新模式:增强职业教育办学体系适应性

职业教育数字化转型将进一步丰富职业教育参与主体,办学主体、教学主体、学习主体等均将得到拓展和丰富。具体表现为:一是吸纳多元主体,推动混合所有制办学模式变革。混合所有制办学模式在我国已探索多年,但是整体规模仍未有质的突破,当前的主要困难是各方参与职业教育的积极性并不高。数字化时代,政府、行业企业等主体参与职业教育办学将呈现出便利化、低成本、高收益等特点,为此,国家和地方层面要进一步理顺参与职业教育各方的责、权、利,出台规范性指导文件,从政策、税收、补助等方面给予企业支持,撬动企业和社会资源参与职业教育办学过程,并对企业收益予以保障。二是广聚技术人才,推动教师教学创新团队改革。2022年9月,教育部办公厅印发的《关于进一步加强全国职业院校教师教学创新团队建设的通知》指出,"创新团队建设要加强校际协同和校企深度合作,促进'双元'育人"。数字化转型将推动课程教学的分工进一步细化,不同单位、不同专业方向人员合作完成一门课程教学成为常态。由于数字化教学素材具有多样性和易获得性等特点,教师的边界将变得模糊,职业教育课堂授课主体不再单纯是职业教师,而是包含了教师、企业技术人员、学生等组成的教学团队。因此,职业院校要树立"大师资"观念,依托教师教学创新团队、企业兼职教师、产业导师等打造多元主体协同共建的教师教学创新团队。三是实践有教无类,推动面向人人的教育变革。数字化转型将进一步拓宽职业教育的外延,由于教育方式、教学内容更加灵活,职业培训将逐渐成为职业教育重要工作重心之一,职业教育学习主体将从原来的普通学生,进一步发展为学生、产业工人、技术骨干、新型农民、退伍军人等,学习形式也将由全日制学历教育变为学历教育、长期跟岗、短期培训、联合培养等多形式共存的局面。为此,在数字化时代,职业教育必须打造更加开放、更加灵活、更加多元的教育教学模式,真正实现"面向人人"的教育定位。

（六）新机遇蕴藏新挑战:增强数字化转型可持续性

习近平总书记曾在不同场合多次提出"危"与"机"的辩证关系,强调要善于"在危机中育新机、于变局中开新局"。在职业教育数字化转型升级的新机遇中,我们不能固步自封,更不能盲目跟风,要通过法律制度建设、传统道德伦理规范和新型数字伦理治理,确保职业教育数字化转型顺利实施。首先,在法律制度层面,要以保障数字安全、信息安全为重点,加强各类教育信息化平台安全技术研发,建立教育数字化信息保护机制,防止信息泄露。2021 年 6 月,我国颁布了《中华人民共和国数据安全法》,要求"各地区、各部门对本地区、本部门工作中收集和产生的数据及数据安全负责",对数字化时代的数据安全提出了明确要求。教育主管部门和地方应结合实际情况进一步出台关于数据保护的专门法规和条例,细化举措。其次,在教育伦理层面,数字化时代教师与学生的边界进一步模糊,以"教师为中心"的课程教学可能演变为"以数据为中心""以资源为中心"的教学模式,这种情况对我国传统的"尊师重教"和"师生伦理"观念带来了一定的冲击,数字化时代的尊师重教应随师生关系的重构而与时俱进,着重确立师生平等、互相尊重的关系,教师要通过高尚的德行、勤奋的付出、高超的技艺等赢得学生的尊重,而非师生权利差异、地位差异导致的"被尊重"。最后,在数字伦理层面,数字化时代学生的真实人格可能会受数字人格的影响,学生的真实想法可能被数据代替,数字化、网络化和虚拟化将使学生缺乏独立的思考和实践能力,从而衍生出新的教育问题。职业教育数字化转型要着重提升学生数字化素养,强调学生在数字化变革中的主导地位,帮助学生牢牢掌握获取信息和遨游数字世界的主动权,避免被碎片信息淹没,从而沦为"数据奴隶"。

第四节　数字化赋能职业教育课程改革

一、职业教育课程改革概述

近年来,职业教育课程改革在国家教育改革中扮演着越来越重要的角色,已成为我国职业教育的重中之重。2019 年,教育部发布《关于职业院校专业人才培养方案制定与实施工作的指导意见》,要求各高职院校制定专业人才培养方案;2020 年,教育部发布《职业教育提质培优行动计划》,提出"职业教育信息化 2.0"计划,要求建设与数字化转型相适应的"三全"育人体系。

(一)国家政策

国家政策的出台,是对职业教育课程改革的进一步明确和强调,也是对职业教育课程改革的重要指引。《关于职业院校专业人才培养方案制定与实施工作的指导意见》强调:要依据专业人才培养方案,通过实施"智慧教室""虚拟仿真实训基地"等信息化建设项目,推进教学过程的信息化;《职业教育提质培优行动计划》提出:要建设与数字化转型相适应的"三全"育人体系,要推进专业课程教学内容和方法改革,要加快"智慧教室""虚拟仿真实训基地"等信息化建设。

(二)行业发展

2020 年,教育部印发《职业教育提质培优行动计划》,明确了"十四五"期间职业教育改革发展的总体目标,职业教育现代化取得重要进展,建成一批具有中国特色、世界水平的职业教育现代化学校。其中,职业教育信息化是重要组成部分。2021 年 5 月,教育部印发《职业学校信息化建设指南》,要求围绕专业教学、公共服务、教师成长和学生发展四个重点领域,开展信息技术与课程教学深度融合的信息化建设工作。同年12 月,《教育部关于公布首批国家级虚拟仿真实验教学项目的通知》公布了首批国家级虚拟仿真实验教学项目名单。

(三)职业院校

职业院校,是指根据国家职业教育改革实施方案的要求,经教育部批准设立,主要培养一线生产、建设、管理、服务一线的技术技能人才的全日制公办普通高等职业院校。目前,我国已建立了以职业教育为主体、普通教育为基础、特色教育为补充的现代职业教育体系。目前,我国中等职业学校主要由公办和民办学校组成,高等职业院校主要由公办和民办院校组成。从办学类型看,公办院校主要承担学历教育任务,而民办院校则以培养学历教育与非学历教育并举的综合性人才为主;从办学层次看,公办院校主要以专科层次为主,而民办院校则以本科和研究生层次为主。

二、数字化转型背景下职业教育课程改革的意义

职业教育课程改革是我国教育教学改革的核心内容,是提高人才培养质量的重要保证。因此,要想从根本上解决职业教育课程改革的问题,必须从数字化转型这一宏观层面来思考。在当前的社会经济发展进程中,数字化转型已成为一种趋势和潮流,数字技术、信息技术的发展为职业教育课程改革提供了新的思路。以数字化为核心的信息技术的发展给职业教育课程改革带来了新的机遇和挑战,也对职业教育课程改革提出了新的要求。在数字化转型背景下,要从根本上解决职业教育课程改革问题,就必须从数字化转型这一宏观层面来思考职业教育课程改革问题,只有这样才能实现职业教育课程改革与数字化转型相融合。

(一)有助于实现课程目标

数字化转型背景下,职业教育课程改革的首要任务就是要实现课程目标,即如何培养学生的数字化素养,培养学生的数字化思维。数字化素养是指个体对数字世界中各种事物的感知、理解、分析、评价和应用能力。其中,"理解"指的是人们对数字世界的各种事物有明确且正确的认识;"分析"指的是人们能运用数学方法来分析和解决问题;"评价"指的是对数字世界中的事物做出评价,而不是机械地接受既定事物;"应用"指的是利用数字技术来改变现实世界,从而更好地满足人们的需求。在传统职业教育课程改革中,更多注重学生基础知识和技能培养,对数字化素养关注较少。随着我国社会经济发展越来越依赖于数字化技术,职业教育课程改革也应该顺应社会经济发展需要,注重对学生数字化素养的培养。数字化素养包括认知能力、自主学习能力、信息素养、沟通与合作能力、数字化创新能力等多方面内容。

（二）有利于促进课程内容的更新

数字化转型背景下,数字化技术的发展使数字资源在内容呈现上更具多样性和丰富性,有利于推动课程内容的更新和发展。数字资源不仅是数字化时代课程内容的重要来源,还是推动职业教育课程改革的重要资源。在数字化转型背景下,职业教育课程改革不再只关注课程内容,而是将重心转移到如何利用数字化资源更新和充实课程内容。通过数字化技术,可以对职业教育课程内容进行加工处理和资源整合,使其呈现出多样性和丰富性,这有利于促进课程内容的更新与发展。职业教育要想提升人才培养质量,就必须注重发挥数字技术的优势作用,将数字化资源纳入课程改革的体系当中,从而为人才培养提供更多的支持。

（三）有利于提高课程实施的有效性

传统的课程实施主要是根据教师的教学经验和认知,通过教学设计来组织教学内容,以实现课程目标。在数字化转型背景下,课程实施可以借助数字化技术进行,借助数字化技术来整合教学资源、重构学习活动,从而促进学习方式的转变。通过数字化技术进行课程实施,可以通过虚拟现实、混合现实等方式来提高学生的学习兴趣。还可以将人工智能等现代信息技术融入课程实施中,通过对学习数据的采集和分析来诊断学生的学习情况,并通过与教学内容和教学资源的有效融合实现课程实施的有效性。此外,还可以将数字化技术融入教学评价中去。数字化技术可以通过在线考试系统来进行课程评价,并且可以将评价结果进行反馈、分析和利用。这些都有利于促进学习方式转变、提高课程实施的有效性,进而促进教育质量的提升。

三、职业教育数字化转型的路径和内容

数字化转型的核心是实现教育的数字化,即通过信息技术改造传统教育模式,重塑教育形态。职业教育数字化转型就是通过信息技术对传统职业教育课程内容、教学方式、学习评价等进行重塑,形成新的数字化课程体系。职业教育课程改革的目标是实现学生能力和素质的全面提升。因此,数字化转型在职业教育课程改革中的价值在于实现课程内容结构化,促进学习方式变革和评价方式转变。

在传统教学模式下,教师和学生之间信息不对称,教学活动中教师

对学生认知和行为进行实时监控并提供反馈，但缺乏个性化指导。数字化转型则可以通过智能化、自动化、网络化、可视化等手段提供个性化支持服务，帮助学生更好地理解教学内容、掌握学习方法。例如，借助智能设备可以帮助教师及时获取学生学习过程中的反馈信息，并及时提供相应的指导和帮助，从而更好地促进学生自主学习。数字化转型不仅可以优化教学模式，还可以重构教学环境、优化教学资源。

职业教育课程改革的内容主要包括三个方面：一是优化课程内容结构化。职业教育课程改革必须从传统的知识体系转变为"知识＋技能＋素养"的课程体系。二是发展智能化教学资源。智能化教学资源可以丰富教学内容、提高教学效果、改善师生关系，推动职业教育教学模式的变革。三是改进学习评价方式。数字化转型可以优化评价方式，为学生提供更加精准和个性化的评价服务。

（一）优化课程内容结构化

职业教育课程内容主要包括学科知识、技能知识和素养知识三类。传统教学中，学科知识是课程内容的主要构成要素，实践知识和技能知识则相对较少。随着信息化时代的到来，"互联网＋""人工智能＋"等技术不断发展，"互联网＋职业教育"成为推动职业教育现代化的重要途径，同时也成为促进职业教育误程改革的重要动力。随着"互联网＋"等技术在职业教育中的广泛应用，传统课程内容结构化程度不高、教学资源相对不足等问题逐步显现，必须通过数字化转型实现课程内容结构化。

职业教育数字化转型主要是指将信息技术与职业教育深度融合，充分利用信息技术开发教学资源，优化课程内容结构。数字化转型可以帮助教师更好地把握教学内容、改进教学方法、提高教学效果、完善课程评价等。在信息化教学环境中，教师可以将教学内容以文字、图片、视频、音频等多种形式呈现出来，让学生充分了解学习内容和重点、难点。同时，教师还可以将教学资源上传至网络平台，供学生自主学习。通过对课程资源的有效管理和利用，教师可以及时了解学生对课程资源的使用情况，从而更好地促使课程内容结构化。

在数字化转型过程中，职业院校应重点推进两项工作：一是创建智能化学习环境。数字化转型需要技术平台和资源平台的支撑。平台不仅要具有优质的教学资源,还需要具备较强的服务能力和安全保障能力。二是建设一体化智慧课堂。智慧课堂需要在虚拟现实技术的支持下实现师生在线交互、生生互动以及对学生的实时监控和记录等。

(二)发展智能化教学资源

数字化转型不仅是改造传统教学模式,更重要的是通过信息技术实现资源的数字化、智能化。智能化教学资源包括在线课程、虚拟仿真实训项目等,也包括智慧教室、智慧校园等新型教学环境,以及支持智能学习的智能学伴、智能考试等智能学习工具。职业教育智能化教学资源不仅要有知识,还要有能力。只有在知识、能力和素养方面全面发展的学生,才能成为高素质技术技能人才。

职业教育智能化教学资源建设的重点是课程体系与课程内容的数字化转型。目前,职业教育信息化发展迅速,但仍存在建设不均衡、资源利用率低等问题。为此,应以需求为导向,从国家层面统筹规划智能化教学资源建设;以应用为导向,从学校层面统筹规划智能化教学资源建设;以共享为导向,从教师层面统筹规划智能化教学资源建设;以质量为导向,从学生层面统筹规划智能化学习资源建设;以开放为导向,从企业层面统筹规划智能化学习资源建设。在此基础上,开发和整合全国优质数字教育资源和企业数字教育资源,逐步形成优质数字教育资源共建共享机制。

(三)改进学习评价方式

职业教育课程改革需要更科学、更系统的评价体系。传统的学习评价以期末考试成绩为核心,学生只要通过期末考试,就可以取得合格或优秀的成绩。这种传统的评价方式忽视了学生在学习过程中的表现,无法全面、客观地反映学生的能力和水平,也难以为学生提供有针对性的指导和帮助。因此,数字化转型可以优化评价方式,通过智能化、自动化、网络化等手段收集学习行为数据,综合运用多种评价方法,帮助学生了解自己的学习状况。

数字化转型还可以优化评价过程,提升评价结果的准确性和可靠性。数字化转型可以为学生提供多样化的评价方式,包括形成性评价、终结性评价、线上与线下相结合的评价、形成性与终结性相结合的综合评价等。形成性评价是对学生学习过程中表现出来的能力进行定性和定量相结合的综合评价,其目的在于通过定量和定性结果的比较来准确把握学生在学习过程中所表现出来的能力和水平。形成性评价需要将定性和定量结果进行有机结合,在设计学习任务时可以通过在线问卷、在线测试等方式收集相关信息,再将相关信息运用到教学中。线上与线下相结合的评价可以通过在线测试、在线作业等形式收集学生的学习情况数据。线上与线下相结合的综合评价可以将终结性评价和形成性考核相结合,以终结性为主、形成性为辅来确定学习成绩。形成性与终结性相结合可以将平时表现、成灵展示、个人陈述等学习表现作为形成性考评成绩;终结性与形成性评核相结合可以将平时表现作为形成性评核成绩。

四、数字化赋能下职业教育课程改革案例

在数字教育转型的背景下,全国多所高职院校实施了数字化赋能课程教学改革的一系列举措,如云南经贸外事职业学院围绕“课程内容信息化、教学资源多元化、学习评价精准化”的目标,以专业群课程资源为载体,以项目为牵引,通过对信息化教学资源进行梳理和开发,构建了专业群课程资源体系。通过对信息化教学资源进行整合优化,形成了“专业群课程资源包＋在线课程＋微课”的“1＋1＋1”信息化教学资源体系。该体系将线上线下教学有机结合,既支持线上线下混合式教学模式,又支持翻转课堂等新型教学模式,是职业教育数字化转型的典型案例之一。

数字化赋能职业教育课程改革不是简单地把传统课堂搬到网络上,而是要将网络空间与传统课堂有机融合起来,通过对线上线下教学的融合和应用,促进职业教育课程内容信息化、教学资源多元化、学习评价精准化等方面的改革。

（一）课程内容信息化

课程内容信息化主要包括课程资源的结构化、内容的可视化和资源的多样化。在传统课堂中,教师教学通过板书、PPT、视频等形式呈现知识,而学生听课通过看教师讲课的 PPT 等方式进行学习。这种方式有很

多优点,但也存在一些不足,如学生听课过程中可能会出现注意力不集中的问题;板书和PPT呈现内容不够直观,学生需要反复观看才能理解知识;课程内容碎片化,学生在课堂上需要花费大量时间浏览知识点,课堂学习效率低等。因此,对于课程内容进行信息化需要根据课程特点进行合理的设计。

信息化技术为职业教育课程改革提供了新的思路和方法。传统教学模式下的课程内容往往是零散的、碎片化的,而信息化教学模式下的课程内容则是以项目为导向进行设计的,学生可以利用学习通等教学平台对项目进行学习、操作和练习,从而能够更好地掌握所学知识。

(二)教学资源多元化

随着信息技术的不断发展,网络空间已经成为教育教学的新资源,将网络空间融入教学,可以有效提升教学质量和学习效果。在信息化时代,教师不应再将传统课堂搬到网络上,而是要将网络空间与传统课堂有机融合,促进教学资源多元化。例如,在云南经贸外事职业学院的案例中,教师构建了"1+1+1"信息化教学资源体系,其中的"1"是指以专业群课程资源包为载体的在线课程,"1"是指以微课为核心的翻转课堂教学模式,"1+1+1"是指学校现有专业群课程资源包+在线课程+微课。该体系充分发挥了信息化教学资源的优势,利用网络空间可以随时随地学习、协作交流、信息共享等特点,极大地丰富了教学资源体系,同时也促进了课程内容结构化和学习评价精准化的改革。

(三)学习评价精准化

学习评价是为了反馈学生在学习过程中的表现,从而有针对性地进行学习指导和改进。在数字化转型背景下,基于信息化的学习评价已经成为主流,它不仅能够对学生的学习效果进行量化评价,还能够对学生的学习态度、自主学习能力等进行定性评价。目前,在线教学平台已成为教育教学改革的重要工具,它通过对网络教学平台的整合和应用,能够对学生的在线学习行为进行量化评价。学生在完成在线学习任务后,教师可以通过该平台对学生的在线学习情况进行评估;完成课程后,学生可以在该平台上查看课程评价表、课程成绩表等。教师可以根据评价表中的数据分析学生的知识掌握情况、专业技能掌握情况、学习态度等方面的信息,同时还可以对学生进行个性化评价。如针对某些学生存在的问题,教师可以通过该平台及时进行在线辅导。该平台实现了教学过程中从"教"到"管"的全过程化管理,为提升教学质量提供了保障。

第四章　区块链技术与高职教育

第一节　区块链技术推动教育领域变革

一、区块链技术概述

从 2009 年比特币系统运行至今,对于比特币的争议一直不断。随着比特币的流行,其背后的区块链技术也得到广泛关注,并自 2014 年起引发分布式账本技术的不断革新。

（一）区块链的概念

2008 年,中本聪发表《比特币:一种点对点的电子现金系统》一文,象征着比特币的诞生。比特币是基于加密技术、时间戳技术、P2P 网络技术等技术创新融合的架构理念,而区块链技术正是其背后的一项重要基础网络设施。自此,区块链这种具有能在不可信环境下创建起信任网络,串联各个节点进行高效协作的技术,渐渐影响着人们的思维方式。

那么到底什么是区块链呢? 中国信息通信研究院发布的《区块链白皮书(2019 年)》的解释是,区块链是一种由多方共同维护,使用密码学保证传输和访问安全,能够实现数据一致存储、难以篡改、防止抵赖的记账技术,也称为分布式账本技术。典型的区块链以块-链结构存储数据。作为一种在不可信的竞争环境中低成本建立信任的新型计算范式和协作模式,区块链凭借其独有的信任建立机制,正在改变诸多行业的应用场景和运行规则,是未来发展数字经济、构建新型信任体系不可或缺的技术之一。

（二）区块链技术发展

1. 起源

2008 年,中本聪在《比特币:一种点对点的电子现金系统》中提出了新型数字货币比特币,将 PoW 与共识机制结合在一起。比特币网络无需任何管理机构,自身通过数学和密码学原理确保了所有交易的成功进行,比特币背后网络的计算力为其价值背书。可以说,比特币的出现促进了人们在信息时代中,对于信任以及价值的思考。

2. 区块链 1.0

2009 年,比特币上线并公开源码,实现了分布式、不可篡改、预防双花攻击等,同时由于源码的公开,涌现出一大批基于比特币,被称为"山寨币"的虚拟货币。"比特币系"的这些数字货币,被称为区块链 1.0,其仍是以比特币为核心,对区块链技术改动并不大,主要应用场景集中在数字货币发行。

3. 区块链 2.0

2014 年,以太坊项目开始众筹计划,到 2015 年 7 月,以太坊区块链网络正式上线。以太坊的目标是打造一个运行智能合约的去中心化平台,在区块链 1.0 的基础上引入了智能合约这一创新点,以太坊平台上也因此诞生了各种基于智能合约的商业应用,被认为是区块链 2.0。智能合约的逻辑公开透明,当满足智能合约条件后,能够保证约定的结果正确执行,依托着区块链的可信网络,智能合约潜力无限。各大商业公司也纷纷加入区块链技术研究,试图依托区块链来建设新一代开放多维的商业网络,这也促进了区块链向企业商业架构转变。自此区块链技术脱离比特币,在金融、贸易、征信、医疗等领域得到广泛关注。

4. 区块链 3.0

2015 年 12 月,Hyperledger 项目成立,项目力求成为区块链技术的商用标准,打造透明、公开、去中心化的开源分布式账本项目,创建富有活力的区块链开源社区,吸引更多区块链人才以及对分布式账本感兴趣的人加入,从而带动区块链技术的发展,保持技术的活力与生命力。Hyperledger 继承了以比特币为代表的区块链 1.0、以以太坊为代表的区块链 2.0 中的分布式以及不可篡改、多方协作、智能合约等概念,同时创新实现了访问隔离、权限控制、安全保障、一致性算法等功能。因此 Hyperledger 项目成为区块链 3.0 的代表,区块链上的成员、结构部件都需要"许可",保持区块链信任网络的特质的同时也提高了区块链的效率。至此,区块链技术不再是仅面向"社会实验"性质的应用场景,而是具有了被主流机构与企业市场所认可的企业级架构。

（三）区块链分类

1. 公有链

公有链指任何人都可以设立一个节点参与公有链网络,任何人都可以通过节点在网络上进行交易、读写以及共识等操作,参与的节点在区块链上都是平等的。公有链有完全分布式、数据公开、便于推广的优点,但是依赖于有效的共识协议保证网络的安全。

2. 私有链

私有链是指区块链权限仅掌握在一个组织手中,只有内部人员可以使用,信息并不公开,私有链一般用于企业内数据管理或者审计工作。

3. 联盟链

联盟链也被称为许可链,其关键概念在于区块链上的结构组件、成员都需要获得许可才能参与区块链。联盟链一般由有共同利益的联盟成员组成。

二、区块链在教育领域应用多元场景及优势

（一）"区块链＋教育"的可行性

2016年10月,工信部颁布《中国区块链技术和应用发展白皮书》,指出"区块链系统的透明化、数据不可篡改等特征,完全适用于学生征信管理、升学就业、学术、资质证明、产学合作等方面,对教育就业的健康发展具有重要的价值"。

区块链技术具有分布式、不可篡改、透明开放的优点,基于以太坊或许可链上智能合约可以面向不同教育场景开发多种有潜力的应用。当然,如今教育领域对于区块链的尝试还只是在局部场景,区块链技术不断成熟,甚至很多BaaS(Blockchain as a Service)的推出,都能帮助区块链在教育领域得到应用。

（二）学历证书认证

目前大部分区块链在教育领域的应用案例都是用于学位管理以及学习成果评估。随着就业市场竞争的加剧以及科技的发展,学历造假成为阻碍教育发展与人才市场稳定的重要因素,区块链的特性使得区块链可以为学历认证提供背书,智能合约的使用将会提高认证的执行力与公平性,帮助学生与教师完成认证活动。通过建设基于区块链的证书认证

平台,学校可以根据相关信息在区块链上为某位个人授予学历,相关机构可以查询某人的学历信息。由于使用私钥签名,同时信息记录在区块链公共账本上,确保了信息的真实有效。

使用区块链建立起记录学生成绩及各项指标的认证服务平台,数字学历证书存储在区块链上,通过接口可以查看证书拥有者信息、证书发行者、发行日期、详细信息地址、哈希校验结果等内容。学校用私钥加密对证书进行签名,学生可以持有自己的私钥并对自己的证书详细记录进行查看,需要检验证书的机构可以查验证书的真实性,得到授权后也可以查看证书详细信息。通过区块链进行上述操作的一键完成,节省人工颁发证书和检验学历资料的时间以及人力成本,提高效率,提高了证书信任度,可有效遏制学历造假。

(三)开放教育生态社区

在互联网的带动下,教育资源共享越来越便捷,全世界的人都可以通过网络获取或者提供大量、开放的学习资源,但同时学习资源版权保护、教学资源共享、付费课程共享也出现了各种各样的问题,区块链有望通过教育资源共享、交易来构建安全、可信的开放教育生态社区。

目前内容的版权登记缺乏高效便捷途径,侵权成本低而维权成本高,大量内容版权信息及授权规则不清晰,网络侵权行为造成的危害也远比传统侵权更严重。区块链作为信任网络,通过特定机制为网络上验证过的数据进行背书,天然适合进行教育资源版权保护工作。区块链分布式账本与时间戳技术,可以帮助快速上链确权,以电子数据为操作对象,将证据固化在区块链存证平台,实现电子数据的采集、存证、取证、公证、鉴定、仲裁等全流程服务,为维权流程提供公信力支持。同时,教育资源的版权登记也可以用于资源共享时的证明,提倡人们共享以及使用有证明的资源,形成良好的资源保护生态,鼓励创作者产出更为优质的资源。

利用区块链促进教育资源共享,通过教育资源摘要上链,为资源存在进行背书,能够帮助在数据共享时提高效率,解决资源孤岛问题。通过智能合约,可以实现安全数据共享,数据共享中各项规则逻辑或者安全多方计算协议等写入智能合约,只要用户认可这些规则,就可以参与数据共享,一旦合约触发条件达成,约定的各项共享流程也将马上执行。基于区块链智能合约的教育数据交易机制,可以用于搭建安全可靠的付费教育平台。交易平台依托于区块链智能合约,双方对交易安全性有所信任,利用智能合约进行约定,一旦合约条件触发,一笔教育数据交易很快就能完成,同时交易会被记录到区块链上,方便日后双方对交易进行追溯。

第二节　区块链智慧教育数据存证平台

一、区块链数据存证应用背景

自从《教育部办公厅关于开展信息系统安全等级保护工作的通知》(教办厅函〔2009〕80号)发布以来,各地市教育局陆续开展了信息系统安全等级保护的基础设施建设及等级保护测评工作,在物理安全、网络安全、主机安全、数据安全等方面不断地加大软、硬件投入,已经初步具备抵挡"外部"网络攻击的防御能力。但是如何采用先进的技术手段,对教育内部信息系统的信息进行安全保护,并且能对内部使用人员、系统开发商、系统运维方等内部使用系统人员进行安全监管,是当前教育信息防护面临的重要问题。

教育信息系统里的核心数据具有重要的政治、经济价值。近年来,全国各地不断发生学生信息、教师信息、家长信息、教职机构信息等教育信息泄露事件,经事后分析,有很大部分是由内部人员或系统供应商造成的。防止、制止以非法手段盗取、修改、删除信息系统数据的违法行为,成为教育信息部门对信息安全审计监察工作的一个重要职责,对重要信息数据的监管使用、保密管理工作也成为当前教育信息管理面临的重要挑战之一,在此背景下,探索区块链技术在教育信息化系统建设中信息安全防护的应用就显得尤为重要。

例如,物思大数据在搭建"i教育综合服务平台"时,接通并使得平台全面依托厦门统一身份认证系统,实现两平台的互信互通,为师生实名身份认证打下了坚实的基础,同时也为之后各类业务应用所使用的真实身份提供基础支撑。

但为了提高厦门市教育局应用系统数据的安全性、公开透明、可追溯、不易篡改等特性,物思大数据认为,应当融合数字签名、电子签章、证据公证等区块链技术手段,并且基于区块链智慧教育数据存证平台项目,可以大大提升和有效支持教育领域公开透明、公平公正的数据存证体系,提高厦门市教育行业的公信力。

二、区块链智慧教育数据存证平台

基于区块链的智慧教育数据存证平台是由区块链平台、电子数据存证服务私有化部署、教育数据存证监管平台三大部分组成的。

（一）智慧教育数据存证平台架构

该平台是完全自主研发的国产化区块链平台,符合"信创"体系国产化要求,支持跨平台的应用部署,系统支持在国产服务器及国产化操作系统环境下部署运行。

基础层:教育局为区块链平台提供计算和存储资源,通过搭建区块链 P2P 对等网络,实现区块链的快速部署,为上层应用打下基础。

核心层:区块链平台通过集成分布式存储技术,采用先进的共识机制和国密算法,保障区块链平台和存储数据的安全,结合建设智能合约,实现区块链运行的智能化,数据同步技术可保障每个节点的数据高度一致,保障数据安全。

服务层:区块链平台为上层应用提供节点管理、合约管理、数据上链、区块配置、应用管理、数据管理、可视化监控等服务。

应用层:区块链平台作为可信数据存证的支撑平台,以 API 服务方式为电子数据存证服务平台和教育数据监管平台提供可信、不可篡改的数据存储环境,同时也为教育综合服务平台提供区块链支撑,保障其试点应用的数据可信和安全。

（二）智慧教育数据存证平台功能

智慧教育数据存证平台功能有智能合约管理、应用管理、节点管理、区块生成策略、证书管理、数据管理、可视化监控等。

1. 智能合约管理

智能合约全生命周期管理,包括上传、发布、安装、初始化、权限设置、升级、启动、调用、监控等功能。

智能合约部署：合约源码上传一次即可，不再需要逐一上传到每个节点。新节点加入区块链网络后，可以从账本中直接获取合约代码，不再需要上传。合约部署及升级引入了投票机制，满足投票通过条件后才能部署生效。

智能合约启用：根据区块链服务平台的能力，用户可以上传源代码形式的智能合约，也可以上传编译好的二进制智能合约到平台上。用户上传的智能合约被存放在平台上的用户个人智能合约库中，需要用户将智能合约发布到区块链上，才可以被该区块链上的其他成员审核和使用。用户发布智能合约时，也可以设置该区块链中的哪些参与方可见，对智能合约的使用权限做相应的控制。

在线审核功能一般针对以源代码形式上传的智能合约，区块链上的各个成员可以对智能合约的源代码进行检查，确保各项功能正确无误。对具有智能合约商店的区块链平台，用户可以从智能合约商店购买智能合约。用户购买的智能合约也被存放在平台上的用户个人智能合约库中。以后的使用也遵循发布、审核、安装、初始化的流程。

在合约初始化的过程中，用户不仅可以初始化合约内容，对合约的背书策略、安全策略也可以进行相应的设置。合约升级过程中，要保证原合约可以使用。升级过后，新合约可以查询到历史数据。对于合约的权限，平台提供多维度的权限管理，例如方法级权限、数据级权限等。用户可以通过平台提供的接口或者网页，查询合约的运行日志，分析合约的运行状态等。

智能合约的升级也是相同的管理流程，只是此时用户使用的是更新版本的智能合约。

智能合约调用：区块链的去中心化与不可篡改的特性给智能合约提供了一个很好的发展环境，区块链平台提供智能合约编程的接口。针对合约调用的问题，提供一个使用简单、运行高效、安全的合约调用方式。

智能合约升级：所有的记账节点需安装该智能合约，然后对任意一个记账节点执行记账智能合约升级操作。如果有未安装新智能合约的记账节点，无法使用新智能合约的业务，旧的智能合约业务也无法使用（无法落账）。未部署智能合约的记账节点，便只有记账功能，即正常同步区块,但如果想做相关业务,就要部署相应的智能合约。

2. 应用管理

为了方便用户对应用场景和区块链的快速结合,可以根据不同的区块链框架制定专业的 apiserver,用户只需要根据配置信息修改自己的应用配置即可与区块链进行结合,信息进行上链。同时也提供 SDK 的专业化定制。

3. 节点管理

平台能够为区块链节点分配运行资源,能够在不同的链和节点之间进行安全隔离。平台能够对节点及链的准入、部署、启停、升级操作提供支持,用户可以通过图形界面实现节点及链的创建、启停、状态查询。

4. 区块生成策略

支持动态配置区块生成策略,可按照区块链交易或时间配置区块动态生成规则,以保障区块链网络的稳定性,并节省硬件资源。

5. 证书管理

平台使用电子认证体系向联盟成员及其用户颁发基于 PKI 的证书。每个联盟成员都配有证书(CA),负责向联盟方成员颁发根证书 RootCA。根证书 RootCA 会存放到区块链上,根证书上链后即表示该成员成功加入到联盟链中。联盟成员使用根证书 RootCA 为记账节点、排序节点、SDK、客户端颁发子证书,实现对节点和成员的授权和管理。

6. 数据管理

数据管理负责对节点基本信息、节点资源信息、通道资源信息、区块信息进行采集和管理,为网络的运行监控、用户使用管理提供数据支持。其中,节点基本信息管理包括节点组织网络基本信息的信息管理;节点资源信息管理包括节点磁盘、应用容器等运行信息的实时状态信息管理;通道资源信息管理包括对每个用户的存储空间使用量、计算资源使用量等实时使用信息的采集和管理;区块信息管理包括对每个应用的落块情况的信息采集。除此之外,考虑到公共节点各应用服务的吞吐量(TPS)、交易并发量等因素,对这四方面的信息采集进行调优,防止对线上交易进行性能的影响。

7. 可视化监控

提供上链的所有业务信息生成 Hash,并在首页动态展示当前业务执行情况。链上业务详情信息,包括业务数据 Hash、区块号、时间、业务详情、上一区块号。支持链上业务数、系统用户数、区块数的实时展示。实现节点监控、区块监控、节点配置、合约管理、交易数据查看、业务数据可视化、监控系统报警等。提供多种日志以及日志分析工具,包括但不限于系统健康检查、网络监控、节点监控等。日志级别准确分为提醒、预警、异常等级别。

三、电子数据存证服务私有化部署策略

(一)底层框架设计

电子数据存证平台,是整合身份认证、数字证书、电子签章等先进的技术手段,将传统的线下公证服务搬上互联网,实现了电子数据成为证据的可能,具备线上、线下同步出具公证书;针对不同应用场景提供个性化、定制化的公证法律服务。

存证平台提供全流程存证服务,系统可将签章后的评价报告等信息登记上链存证,将关键教育数据和操作过程形成完整的相关性存证链,实现电子数据采集、固定、应用闭环,确保了电子证据的合法性、真实性、客观性。

电子数据存证后,将出具由公证机构提供的《电子数据确认函》,用户可通过调取电子数据确认函下载与查看接口,进行电子数据确认函下载与查看。必要时(如出现纠纷,需要诉讼或者仲裁时),可持电子数据确认函及企业相关信息,向公证处申请综合性的公证法律服务。

(二)系统功能模块设计

1. 存证信息管理模块设计

(1)教师评价信息,平台以教师评价应用为抓手,将教师评价过程、评价结果等业务数据,通过身份认证、电子签章、数据存证等技术手段,将签章后的评价报告登记上链存证,将关键教育数据和操作过程形成完整的相关性存证链,提高教师评价的效率和公信力,为平台模块的全面应用提供安全、可信的保障依据。

平台引入电子签章系统,可将教师评价过程从线下办理转变成线上

办理,实现评价过程无纸化,避免因材料打印而产生的资源浪费,减少人工盖章的烦琐流程,有效提高评价过程流转速度,提高办事效率。同时教师评价过程数据、结果数据可通过技术手段实现多方认可,评价过程全程留痕,评价信息可追溯。

(2)学生资助信息,平台提供学生资助信息区块链数据存证,可将资助学生信息实时上链存证,将关键的申请数据和学生资助过程形成完整的相关性存证链,实时上链存储,提高学生资助信息的公信力。系统还明确记录了不同类别学生的资助信息,包括综合类资助申请、高校资助申请、中职资助申请、普通高中资助申请、义务教育资助申请及学前教育类资助申请等六大类资助过程信息。

(3)教师基础信息,平台将面向全市教育局及各下级学校单位,实时采集各大学校的教师信息并进行存证保全,方便对各机构的教师信息进行管理、查询及统计。教师基础信息包括教师姓名、身份证号、身份类别、最高学历、参加工作时间、所在机构、教师的职称及综合评价记录。

(4)学生基础信息,平台将面向全市教育局及各下级学校单位,实时采集各大学校的学生信息并进行存证保全,确保这些凭证数据可安全可靠地存储、查询及统计。平台记录了各大学校的学生学籍信息,包括学生姓名、学籍号、身份证号、联系人、联系电话、学校及家庭情况等信息。

2. 数据上链存证方式

系统提供哈希存证、数据原文存证、文件签署流程存证三种存证方式。

哈希存证,将上传的电子(如语音、图片、文档、影片等)数据进行数字签名和哈希运算,将产生的哈希值通过哈希链存储并加权威时间戳,同时上传至区块链,保证其安全性和完整性。

数据原文存证是指将教师评价信息、学生资助信息等教育相关电子数据以原文的形式进行存证,上传至区块链各节点存储,可选择使用加密方式存储,上传者使用私钥/公钥对原文进行加密,并对上传数据进行数字签名,保证了上传数据的私密性,同时可选择上传至公证处或司法鉴定中心进行原文公证或司法鉴定,保障了原文的合法性。

文件签署流程存证,针对须双方或多方签署的文件可选择此方式进行全流程数据存证,采用数字证书方式对双方或多方身份信息进行核验,对数字签名/电子签章后文件及签名/签章信息进行哈希算法运算,同时附加可信时间戳信息,数据上传至电子数据存证平台,支持数据公证和司法鉴定两种司法存证手段,保障数据的合法性和安全性。

3. 电子数据存证时间有效性

调用可信时间戳服务,为电子数据提供可信、可查验、可追溯的时间戳核验服务,电子数据时间戳可被核验。

4. 数据规范管理

对电子数据文件进行分类管理,包括数据信息、图片信息、文件信息等,保障上链数据格式的规范性。

5. 出证服务

支持公证处、司法鉴定机构对存证的数据内容出具司法证据报告,包括出具《公证书》《司法鉴定报告》。

四、教育数据存证监管平台设计介绍

（一）存证业务数据统计功能介绍

用于对教育数据存证信息进行实时监控及统计分析,管理员能够实时了解全市教师情况、学生情况、教师评价及学生资助情况。可对接入的数据进行实时监控,实时监控各节点数据接入情况;对接入的节点进行有效性监控;可监控各节点上报的数据是否出现异常情况,并能够实时进行预警。可对存证信息情况进行有效监控,实时了解各数据上链情况。若出现异常情况,系统还可实时发出预警,提醒相关人员及时处理。

（二）存证数据查询

教师综合评价信息及学生资助信息上链存证后,根据实际需求支持由厦门市公证处出具有效的存证证明文件《电子数据确认函》。电子数据确认函上将记录机构存证保全的内容信息,包括存证机构、存证时间、存证类型、学生资助申请过程信息、教师评价过程及结果等信息。系统提供三种存证保全方式,即"哈希值存证""原文件存证""全流程存证",依照实际数据可产生不同的电子数据确认函。

电子数据确认函上将记录机构存证保全的内容信息,包括存证机构、存证时间、存证类型、学生资助申请过程信息、教师评价过程及结果等信息。存证平台提供电子确认函搜索窗口,平台使用方可按照创建日期、确认函号、接入平台名称、企业名称等信息搜索电子确认函。

（三）接入方申请及审核

用于对接入方信息进行管理及审核,必须经过认证的合法接入企业才可进行系统对接,由系统管理员进行最终的审核确认。系统记录接入方平台信息,包括平台的开发商、开发商基本信息、开发架构、联系人、联系电话等信息。

记录存证机构的申请信息,包括申请机构的机构名称、统一社会信用代码、机构联系人、联系电话等信息,并对存证机构的身份进行核验,核验通过后机构信息为正常。若存证机构出现异常情况,管理员可及时将机构状态更新为冻结。

（四）数据实时监控

可实时监控在线用户情况,用户的主机 IP、登录地点、浏览器、操作系统、登录时间等信息,若发现异常情况,还可实时对用户进行强制退出处理。

服务实时监控,可以对所管理服务器的信息、CPU、内存情况进行监控;并对服务器的性能进行整体监控,及时定位异常的资源使用或异常的服务器,快速进行问题排查和解决。

（五）区块链监控

1. 区块链监控

区块链监控模板负责对区块链网络和节点的运行状况进行监控,可以查看网络拓扑图、安装智能合约信息。

2. 警告管理

对系统中比较严重的情况如节点异常、网络异常（后期会增加机器故障）等情况通过告警来提示用户。

3. 平台区块链网络列表

平台区块链网络列表,可以监控每条业务链的状态。基本信息包括业务链的节点数、状态、创建者、管理组织描述。也可以启动、停止、删除业务链,还可以根据名称、状态、创建者和组织查询业务链。

4. 新增区块链网络

新增业务链网络的页面,只需要填写网络名称、节点数、管理组织和描述信息即可一键创建区块链网络。刚刚创建的业务链会自动启动,在监控前台可以查询到,等待创建的网络状态为已启动后,即可对区块链网络进行后续操作。

5. 节点拓扑图

在网络列表页面点击名称,即可进入创建业务链总览页面。可查看整个网络的拓扑结构图。

6. 节点明细图

可查看每个节点的详细信息,包括节点名称、节点 URL、IP 地址和端口信息、节点状态,还可以查看节点当前日志信息。此外,每个节点对应的 CA 服务地址也可以看到,还可以下载 CA 证书。

7. 通道信息

可以看到通道类区块链的块高度、区块链上部署的智能合约数量、通道包含的节点、各个节点部署的智能合约的详细信息。

8. 服务器资源监控

收集系统中运行的状态数据,并且可视化地呈现出来。包括系统中比较底层的机器资源(CPU、内存、硬盘)使用状况等,通过可视化监控可以实时了解整个区块链系统的状态。

9. 区块链浏览器

区块链浏览器可以让用户查询区块链高度、交易数量、区块详情、交易详情等区块链细节信息,帮助用户更好地了解区块链运行状态以及进行相关开发调试。区块链浏览器有相应的权限控制,自己搭建的区块链信息自己查看,以免用户信息泄露。

第三节　区块链技术与高职教育结合

一、区块链优化高职教育体系建设

(一)职业教育平台协同共建,实现人才供需的全面协调

随着信息技术的发展,平台化商业模式逐渐成为主流,利用互联网、区块链、大数据、云计算等信息技术搭建的数字化平台,基于互联网的连接能力、大数据的分析能力、区块链的可信能力和云平台的共享能力,更

利于实现教学资源的共建、共享与共用,以及人才培养的透明、真实、可信等。在此基础上,更便于将广泛的学习资源、师资力量、学生群体、用人机构等多方角色实现连接与交互。

其中,区块链技术的本质是基于分布式账本,最大的特点是去中心化,基于分布式账本的所有数据信息都被记录在去中心化的节点之上,并经过多中心的验证与存储后,最终实现系统的安全存储和数据的不可篡改等。职业教育平台在建设时充分利用区块链技术,不仅能保证平台资源的可信,同时也保护其成果不被恶意抄袭。同时,基于区块链的分布式架构及其分布式网络,更利于平台建设时多角色参与和协作。

因此,在职业教育平台建设时,基于区块链的分布式网络,设计多个协作节点,节点接入服务组织或参与者,通过节点管理符合准入条件和审批程序的机构、专业组织、企业,甚至个体共同提供职业教育服务,丰富生态资源和参与角色的多样性,提高资源整合、共享与流通效率,从而打造全民共享的"数字化职业教育"平台。

分布式网络,通过搭建区块链P2P对等网络,借助平台提供的计算和存储资源,实现区块链敏捷网络的快速部署和构建,为上层应用和中层管理提供基础。

节点管理,平台通过管理区块链节点,接入节点资源,分配运行资源。节点管理具体包括:节点及链的准入原则、节点资源部署以及基于节点权限的节点启停和升级管理等。平台能够对节点及链的准入、部署、启停、升级操作提供支持,用户可以通过图形界面实现节点及链的创建、启停、状态查询。

平台在课程设计、师资力量引入、人才方向的培养等方面都可充分结合市场需求和企业需求,使得平台的职业教育更有目的性,企业方也能招聘到更加匹配的高质量人才。同时,平台也通过开放接口允许企业或机构查验学生知识技能水平、学习经历与实习经历,实现人才招聘需求与应聘者学习能力的高度吻合,促进人才供需的全面协调。

(二)职业教育过程多方参与,提升知识体系的规范性

高职教育的根本目的在于提升学生全面化、专业化的知识素养,而其中的关键在于吸纳更专业且全面的师资力量,构建更全面的知识体

系。因此,在课程的规划与设计、调研与分析、起草与审定以及发布与更新等网络教育课程或知识体系的建设中,引入多个相关参与方,打造全民参与、协同共建的一体化教育系统,促使教育走向全面开放,以提升职教课程设置的规范性、全面性和科学性。

在此过程中,以联盟链的形式构建多方参与的课程设计体系和机制,实现教育资源和教育成果的多方沉淀、共享和应用。

基于联盟链的多方参与系统建设,不同机构间形成一个"联盟",允许联盟内的组织成员在区块链上进行业务或资产的交易,通过对多中心的互信来达成共识,而对于链外的其他机构成员具有严格的准入和权限控制。联盟链上的读写权限、参与记账权限按联盟规则来制定。整个网络由成员机构共同维护,网络接入一般通过成员机构的网关节点接入,共识过程由预先选好的节点控制。一般其共识机制多采用 PBFT(Practical Byzantine Fault Tolerant)、RAFT 等共识算法,而且在节点准入、隐私保护、性能效率等方面具有更大的优势,联盟链的建设更利于高质量课程体系和知识体系的打造。

(三)高职教育过程监控与记录,保障学习过程的真实性

利用区块链的公开可溯源和不可篡改等技术特点,将学业数据存储在具备资质的教育机构或培训机构的云服务平台上,该学业数据包括受教育活动、学习行为及学习成果、实训经历、实习工作表现等。此外,利用区块链技术,学习者的学习过程(包括学习类型、学习时长等)也会被精准记录在节点上,并且存储在联盟链中多个相关主体的账本中。这种模式既有利于跟踪学习者的学习记录,又有助于监督学习者的学习行为。基于学业数据的分布式存储能够实现职教过程及结果数据的准确记录,可永久记录、储存学习者在人生的各个阶段、各种场所以各种形式接受高职教育的过程经历和学业数据,形成个体学信大数据,极大地提升学生职业经历真实性。

最后,在平台建设时,通过嵌入智能合约完成教育契约、学历证明及职业资格存证,能够实现各类职业资格证书的永久保存和随时调取,减少因丢失、伪造、冒名顶替等行为带来的企业、学校和学生个人风险损失,以更为便捷有效的方式完成职业资格主体的真实性认证,降低社会

用人单位的员工招聘和雇佣成本。

基于区块链的分布式数据存储系统建设,区块链的本质是一个分布式数据库系统,该系统具有难篡改、可追溯、系统稳定等技术特征。在存储结构方面采用链式存储结构,使系统数据安全,难以篡改;在数据安全方面,使用数字签名和时间戳技术,对于每条数据都记录其出处和生产时间,保证数据存储安全性和可追溯性。

基于智能合约的教育契约设计,智能合约全生命周期管理一般包括上传、发布、安装、初始化、权限设置、升级、启动、调用、监控等功能。平台基于标准化智能合约,预置学习过程记录、数据确权、证书追溯、信息调用等通用模板,促进高职教育过程及成果的共享与共用。

二、区块链应用实例——学分银行

网班学分银行在线教培系统(EDC 教育链),是区块链技术在教育培训领域的引领性落地应用,采用区块链的分布式记账技术,结合教育学分 Education Credits Hours 的通证分发机制,基于学习者在各教培机构进行学习的学时数授予其学分,从而为学习者建立了一个客观的、不可篡改的数字化学历记录。

教育区块链学分银行与各类正规职业培训、技能培训、艺术培训等非学历教育机构合作,为学员发放学分,并通过通证 Token 方式实现对学习者的终身学习记录。即:所有学习者在参加培训学习后,都能获得记录在教育链上的学分,学分数量由学时数而定。学员可实时调阅,形成自己的学历记录档案。

证书上链,把学习者在不同领域、不同机构、不同时期的学习证书数据加密后标记在区块链上存证,该应用充分利用了区块链的技术特点。

(1)分布式存储、互信机制,区块链上的数据采用分布式存储机制,各个节点数据同步一致,技术上确立了可靠的信任机制。

(2)数据安全、不可篡改,区块链由于采用基于时间序列的数据打包(数据块)存储方式,一旦记录确认,数据便不可篡改。同时,区块链上的账户及数据都可采用哈希算法、各种密钥及非对称加密技术,确保数据的安全。

(3)永久保存、随时核查,基于上述分布式存储及数据块的存储特点,加上众多数据节点在全网的分布,使区块链具有永久保存的特点,且数据经密钥授权后即可在任何节点上进行核查,方便数据资源的共享。

(4)数字资产、信用存证,区块链上的数据以交易方式进行记录,可以实现数字资产的记账。链上数据的记录,可以成为可靠的资讯存证及信用存证。

在相关应用案例方面,美国麻省理工学院(MIT)的毕业生已经能获得基于区块链技术的学历。

学分上链,在学员获得阶段性成果(结业或通过测验等)后,每一个学时的课程培训将获得一个学分,同时获得一个学习券。此外,学分银行的部分联盟机构接受学习券作为报名缴费时的优惠凭证,给予一定的学费抵用,作为对热爱学习的学习者的奖励。学习者参与了教培机构的培训学习,结业后将由培训机构发给相应的结业证书或资格证书,同时获得由教培机构采用其专属的学分银行系统颁发的学分。学员在各个教培机构的专属学分管理界面上,可以进行注册、登录、证书及学分查询等操作。

就学生而言,学分银行适合高职教育边实践、边学习的学生,职业学校设立学分银行,学生可以半工半读,工学交替,学完一门功课,可将拿到的学分存入"银行",工作几年回来后可以继续学习,学完一门得一门的学分和课程证书,累积到规定学分总数后即可"支取"相应学历。

此外,学生也可以将已获得的各类学习证书、获奖证书等上传到教育区块链学分银行平台,经过核实后在区块链上存证。"教育区块链学分银行"有利于调动学生积极性,有利于各类教育资源的互通和利用,有利于全民教育、终身学习。

第五章　云计算与高职教育

第一节　云计算对高职教育的影响

云计算具有分布式、并行处理等特征,能够结合差异化的计算系统需求,在大型网络中进行高效精准计算,从而为人与机器决策提供重要参考。

一、云计算的教育优势

既然云计算的作用目前还无法发挥到最大,教育行业是否还需要云计算? 云计算是否还有优势呢? 答案是肯定的。云计算在教育领域的应用可以带来多重变革,比如教育成本下降、资源实现共建共享、资源安全得到极大的保障、资源使用效益不断提升等。因此,数字化教育仍然要大力融入云计算,以此来实现变革。

(一)节约教育成本

随着数字化教育不断发展,为满足不断增加的计算需求,学校不得不不断地添置硬件、软件,投入极大,而且投入与产出严重失调。同时,随着网络教育覆盖范围越来越广,很多学校都在尝试开发网络教育平台,为此投入了巨额资金,并在平台维护与管理方面投入了大量人力资源,包括技术人员、管理人员、学科教师等,耗费了大量人力、财力、物力。在将云计算引入教育行业之后,只要接入网络,学校就能享受云计算带来的各种增值服务。

(二)帮助学校整合现有资源,提升效益

在数字化教育建设之初,学校购买了很多设备,但因为这些设备的存储量、运行速度无法满足现阶段的需求,学校不得不舍弃这些设备,造成了严重的资源浪费。对此,学校可利用开源云计算项目为用户提供云计算服务,将学校舍弃的硬件设备整合在一起,构建一个虚拟的资源池,通过互联网为用户提供实月的计算服务。

（三）助力网络教育资源库建设

对于数字化教育来说，资源库建设是比较重要的环节，资源库安全存储是一条非常重要的脉络。传统做法就是将资源库与实体服务器绑定在一起，通过安装防火墙与杀毒软件，保证资源库的安全。但现如今，网络技术日新月异，服务器的安全机制很难抵御新型病毒的入侵。为了保证资源库的安全，可以利用云计算技术将资源库放在云端，借助云端先进的数据纠错技术及专业的数据管理团队，保护信息安全，免除后顾之忧。

（四）使数字化教学资源的共享更加方便

对于数字化教育的推行来说，数字化教学资源是基础，通过整合，数字资源利用效率可以大幅提升，教育质量也能得以有效改善。但当前，我国教育行业不得不面临教育资源分布不均的问题，这一问题有两大表现，一是教育资源区域分布不均，二是教育资源在各个学校分布不均。借助云计算技术可构建一个虚拟化、动态化的资源共享平台，在这个平台的支持下，优质的教学资源可在地区之间、学校之间实现共享应用。

二、云计算对高职教育的影响

作为信息网络资源提供模式的云计算，具有虚拟化的特征。所谓云计算，即围绕互联网，采用公开的服务与标准，让用户通过简便的操作进行信息数据存储、计算与处理，发挥网络平台的数据存储及计算功能，为每个网络用户提供高效的服务。

从量子物理学的角度来理解，云计算是对"电子云"思想的实现，能够突出表现计算的社会性与分散性分布特征。"云"的核心构成为计算机群，这些群则由规模化的计算机设备构成，用于存储数据信息并进行统一的资源管理。

传统模式下，用户首先要在自己的手机、电脑等终端设备上下载应用程序才能进行操作，并将所需信息保存在本地。在云时代，可以在互联网平台上直接运行应用程序，用户所需的数据也可以从网络化数据中心中直接获取，由输出云计算服务的企业进行数据管理和维护。与此同时，企业还负责为用户提供有效的存储空间及计算能力，满足用户的数据存储与处理需求。

从学校的角度进行分析，独立打造技术中心对学校的资金实力提出了较高的要求，且教育信息系统的发展十分迅速，这就需要对技术中心进行频繁升级。云计算的应用则能够帮助学校解决这个问题，云计算服务能够为教育机构进行数据存储及信息处理。利用云计算信息网络基础架构，无需采购各类硬件设备，既能够降低成本消耗，又能迅速进行升级。此外，云计算能够促进教育信息系统中的信息共享。具体而言，云计算在高职教育领域中的应用，能够产生如下好处。

（一）整合教育资源

云计算的应用，能够最大限度地减少终端设备的工作量。在云计算网络体系中，除了教学课堂之外，教育实验机构、个人用户都能够获得云平台提供的多元化服务，学习者只要具备基础的终端设备与网络，能够通过浏览器连接网络，就能在任何时间、任何地点获取自己所需的学习资源。整合优质的教学资源，能够满足日益增长的资源需求，解决长期以来存在的教学资源不足的问题，还能对资源价值进行深度挖掘，给学生提供足够的资源支持，为他们创造良好的学习条件。

（二）节约硬件设备的投入成本

云计算可在原有基础上向外扩展，通过云平台将不同的硬件资源链接到一起，通过资源共享降低资金成本与时间成本。相较于其他技术手段，云计算更适合被应用到学校的各项活动中。依托云计算服务，学校只要保证电脑能够上网，就可通过云端进行大量的数据计算。在具体实施过程中，云计算能够整合分散在不同计算机设备上的计算能力，依托网络平台的优势实现资源集中，共同服务于用户，从整体上提高计算能力，对接他们的需求。

当然，云计算技术仍处于初级发展阶段，为了推进其理论研究与行业应用日趋成熟，我们需要对其有更为全面、深入的认识，正视其不足与缺陷，积极从新视角寻找有效解决方案。比如，针对数据更新不及时问题，需要进一步布局物联网、传感器等技术与设备，推进教育设施数字化，完善各类信息系统。

云计算技术在教育领域的应用，为教育行业创新发展提供了新的思路，它使教育机构能够更为高效低成本地开展大规模并行计算，革新教育理念、模式与工具,让教师实现协同合作,学生随时随地获得各种优质的学习资源。虽然其应用仍存在一定的缺陷与不足,但这并不影响其价值的发挥。

可以预见的是,未来,随着云计算技术的不断发展以及创业者与教育机构的积极探索,云计算技术在教育领域的应用场景将会更为丰富多元,推动中国教育提质增效,为各行业源源不断地输送大量优秀人才,显著提高我国国际竞争力。

三、云计算如何带来帮助

(一)低成本提供在线应用软件服务

在云时代,服务器端为用户提供其所需的各类应用程序与文件资源,用户能够使用浏览器,在网络平台上实施编辑操作,并将编辑之后的文件保存在服务器端。通过云计算服务,用户可直接调用电子邮件系统、办公软件等。这种资源利用方式能够帮助学校节约信息系统建设的资金投入,且不必在频繁升级系统方面消耗大量成本。举例来说,谷歌采用云计算模式,推出了谷歌日历、谷歌 Docs 等在线管理及编辑程序,用户可以在浏览器上获取此类服务,用日历工具安排自己的日程,规划学习项目,与其他用户共同进行文件资源的管理、编辑、制定文档与表格等等,充分发挥网络平台的优势进行资源共享与协同操作。

(二)创设网络学习平台

当云计算模式在教育领域的应用范围不断拓宽时,越来越多的学校、教育机构及用户个人会在云平台进行信息处理,改革传统的网络学习方式。在打造良好的教学环境及教学系统的过程中,云计算能够发挥积极的推动作用,为学习者营造良好的氛围。具体而言,利用云计算,学习者能够获取丰富的教育资源及优质的服务,选择适合自己的学习内容与学习方式,随时随地在网络平台进行学习。以谷歌的云计算服务为例,谷歌云平台集文档、表格、图片、视频、演示文稿等多元化信息类型于一体,并整合了各类云服务,为学生提供平台支持及丰富的学习资源和课程内容,满足学生的知识需求。

(三)数据存储中心更安全可靠

在信息资源成为重要资产的今天,很多学校都注重发展教育信息资源,其资源规模逐渐扩大。但互联网时代的信息安全问题频发,逐渐引起人们的重视。依托云计算,学校的相关数据资源能够得到领先技术手段的保护,将数据管理工作交给专业的技术管理团队来承担。如此一来,学校就能提高其数据存储中心的安全性,如果在数据系统运营过程中出现非法入侵的现象,系统也能够及时采取应对措施,并避免用户复制文件导致信息泄露。随着教育信息化的建设与发展,学校无需在数据管理方面投入过多的时间与精力,能够聚焦于课程内容的设计,且数据存储的可靠性大大增强,不会存在数据丢失的情况。

云计算模式在教育行业中的应用,能够有效促进教育行业的数字化发展。云计算的应用既能够体现出社会性网络的开放性与共享性,又能降低信息处理的成本,提高计算效率。

第二节　云计算在高职教育中的应用

一、云计算在高职教育领域的应用

云计算在高职教育领域的应用主要表现在以下几个方面。

（一）构建个人网络学习环境

引导学生自主学习对提高其学习成绩具有十分重要的作用,借助基于云计算技术开发的丰富多元的辅助教学工具,可以为学生搭建独具特色的个人网络学习环境,使学生沉浸其中,获得更多的知识与快乐。

（二）提升学习效率

云计算能够满足学生个性化的学习资源需要,它以学习者为中心,为学生提供较强时效性、较高可用性与安全性的各类数据,并通过和大数据技术结合,对数据进行分析计算,帮助学生答疑解惑,筛选高价值的数据资源,提高其学习效率。

在基于云计算技术的全新计算模式中,计算系统性能得到显著提升,能够为学生解答传统教育难点问题,比如,生动形象地为学生解答较为模糊抽象的概念性问题等,而且计算过程中对多种知识的综合应用,能够促进学生全面发展。

（三）云计算和开源教育

云计算在教育教学活动中的应用实践,有力地推动了开源软件的创新发展,这将对开源教育的发展产生十分积极的影响。与此同时,开源软件可以作为云计算教学辅助工具,为学生的学习提供诸多便利。

（四）建立大规模的共享教育资源库

我国现行的教育资源库存在教育资源整合力度低、共享程度低、分配不均衡、信息孤岛等诸多问题,而将云计算技术应用到教育领域后,教育机构将能够对已拥有的教育资源进行系统梳理,通过系统自动化、智能化的数据分析与管理,深度发掘现有资源潜在价值,对教学资源进行及时更新,提高人才培养的灵活性、适应性,降低企业培训成本。同时,加强数据安全建设,在加密工具的加持下开展教学数据的搜集、分析及应用,保障数据所有者的合法权益。

此外,云计算技术还将有力地推动教育数据共享,这对于开展远程教学与管理具有十分重要的价值。传统远程教育模式对学生缺乏深入了解,难以实现定制化、个性化教育,而云计算技术能够促进学校、培训机构、互联网教育平台之间进行数据共享,从而对学生有更为深入全面的认识,针对学生差异化的学习需要,定制推送学习资源。而且系统也可以将对学生的分析结果提供给本人,让学生认识到自己的优势与不足,强化优势,补足短板。

（五）构建出新型图书馆

在高校图书馆及城市图书馆等大型图书馆中,图书数量庞大、类目复杂,给图书管理带来诸多困扰,而云计算的出现,有望使该问题得到彻底解决。比如,在图书馆书目分配方面,应用云计算技术,可以根据图书关键信息,对其进行系统划分,使图书分类更为精细化、合理化,方便读者借阅。

同时,读者可以利用 PC 电脑、智能手机、Pad 等访问线上图书馆,获得丰富多元的图书资源,这极大地方便了那些工作繁忙、仅能在碎片化场景中学习的上班族,对提高图书资源利用率具有极高的价值。

（六）构建教学的科研"云"环境

很多科研项目对复杂计算和研究有较高的依赖性,要结合实验项目与科室的差异,进行科学合理的实验编制并开展科技实验。显然,这需要投入较高的人力、物力成本,如果有强大的管理系统,这一问题将得到有效解决,应用云计算技术解决这一问题受到了高校的青睐。

基于云计算技术进行研究与管理,从中得到海量数据,然后对数据进行深入分析,从而为科技实验高效、顺利开展提供强有力支持。同时,云计算技术在科技实验基础设施建设中也有极高的应用价值,它能让设备与系统接入网络之中,实现数据的实时传递与高效处理。此外,教师开展教学实验时,可以利用云计算技术对实验数据进行分析、过滤,提高教学实验科学性、精准性。

（七）实现网络协作办公

利用云计算网络服务,可以打破时间空间限制进行协同合作,共同研究新知识、新教学方式方法等,整合办公软件,提高教学、管理、考核效率,为学生提供更多的指导与帮助。与此同时,云计算网络服务具有极强的开放性,可以及时整合最新的科研成果,为教师开展教学工作提供有力支持,培养更加适应国际竞争环境的应用型人才。

二、基于云计算技术的高职教育信息化

长期以来,因为信息资源所处位置的限制、网络信息传输速度慢、服务器信息处理能力低,导致数字化教育平台建设无法满足实际应用的需求,存在信息资源孤立、服务器资源得不到充分利用、信息设备缺乏有效管理,以及部分地区信息网络速度慢等弊端。为了解决这些问题,云计算应运而生。在采用分布式计算模式的基础上,互联网计算与云计算一起,围绕用户开展数据运营,在云端进行数据存储与管理,方便用户在产生需求时进行数据提取与应用,突破了时空因素的限制。利用云计算,互联网的所有节点都能够进行数据存储与信息处理。

（一）提高学校的管理效率

传统模式下,学校要重复建设应用网站,还要进行服务器分配,应用云计算则能够省去这些工作。作为共享资源,云平台上的一切数据信息都能以有效的方式进行管理,实现资源共享。这种方式不仅能够节约建设教育信息系统的成本,还能促进教育信息的高效流通,及时进行系统更新,解决学校管理效率低下的问题。在新生入学、毕业生离校时,学校

相关部门要承担体量庞大的数据处理工作,进行大量的数据计算与分析,云计算则提供了有效的解决方案。

(二)推动教师在教学上的改变

在新时代的背景下,教师需要重新定位自己的角色。具体而言,应该突破传统教学观念的束缚,革新传统教学方式,提高自身对新环境的适应能力,发挥云技术的作用,提高学生学习的主动性。随着数字化教育改革的进行,网络培训和学习将逐渐普及开来,网络教学也将得到迅速发展,相关数字化设备应该被应用于教学实践中,为教师教学和学生学习提供技术、资源支持。

(三)提高和促进学生的学习与创新能力

云计算的应用比较灵活,易于拓展,且能够发挥网络平台的优势,因而在学习环境中的使用难度比较低,能够满足学生群体的需求。利用云计算技术,学生能够选择自己所需的课程内容与自己偏好的学习方式,在原有基础上进一步提高信息资源利用率。另外,还能用云计算技术,针对学生的个人需求为其提供相应的学习资料。学生能够通过浏览器获取海量的数据信息与服务内容,能够快捷、高效地打造适合自己的学习环境,无需学习各类软件的操作方法。这种方式能够节省学生的时间与精力,同时发挥学生的创新思维能力及个人潜能。

(四)加快全球化教育资源的建设

现阶段,教师及教育技术中心承担着教育资源开发的任务,由他们推出的多媒体课程、网络课程内容存在严重的同质化现象,且更新速度十分缓慢。在云计算技术普遍应用的今天,人们可以使用云服务,在云平台上存储大量的教育资源。所有对教育资源存在需求的用户,都可以通过平台进行资源获取与应用。从这个角度来说,教育行业内部的各个环节之间应该加强合作,共同发展教育资源,不断丰富教育信息资源库,推动整个行业的发展。

三、云计算的信息化应用

(一)云计算在高职数字化教育中的应用

1. 云计算促进开源教育软件的发展

云计算在教育信息化中的应用,给开源教育软件的发展创造了有利的环境。开源软件与云计算的许多理念是一致的,两者都强调以服务为中心,主张软件免费,不仅如此,开源软件的灵活性比较高,易于拓展,云计算在发展过程中也体现出了类似的特征。

2. 云计算将使教育资源开放和共享

数字化时代,多数用户会选择从本地搜寻应用资源、存储资源,并使用本地的计算资源。随着云计算技术的普遍应用,更多的资源转移到云计算平台上,以云服务的形式存在,降低了资源管理的成本。不仅如此,云计算的灵活性及延展性也更强。在进行环境打造及拓展的同时,基于云计算,用户还能利用高速宽带和计算资源,拓展信息的来源与途径,并将自己的资源提供给他人,提高教育资源的开放程度,加速资源的流通,进而实现资源的有效利用。

3. 构建"云·地"中介,促进"人·云"交互

在云计算普遍应用的今天,教育机构应该采取有效指施,发挥云计算对教育信息化发展的推动作用。为此,要建立"云·地"中介,依托云服务,提高教育管理机构的信息处理能力,促进教育资源的共享,成立学习共同体,加快"人·云"交互发展。

4. 以云为平台,促进数字化教育的多元化发展

在数字化教育建设及发展的过程中,教育信息资源的规模逐渐扩大,服务内容也越来越丰富,与此同时,人们对教育信息的需求也呈现出多元化特征。云计算平台则能够对接这种变化之后的需求。比如,谷歌地球社区被应用到学校的地理教学课堂上,能够体现谷歌云服务的价值。另外,用户还能租用网络空间来打造独立的网络平台,无需引进硬件设备,也不用自己进行系统维护,在实现成本控制的同时,为数字化教育的发展创造良好的环境。

5. 构建个人网络学习环境,提高网络学习效率

如今越来越多的人选择网络学习,为了满足人们日益增长的需求,就要注重对个人网络学习环境的建设。利用云计算技术,市场上推出多元化的学习内容与学习方式,供用户自由选择。此外,用户还能使用网络化工具打造个性化的学习环境。举例来说,用户可使用云服务中的Sakai 工具对课程内容进行管理,通过 iGoogle 创建个性化网页。从中能

够看出,在云计算技术普遍应用的背景下,用户能够通过简单、高效的操作打造专属于自己的网络学习环境。

(二)云计算在数字化高职教育中应用的技术

(1)虚拟化技术:云计算的中心特征就是虚拟化。运用虚拟化技术,能够使软件与硬件相互独立,如此一来,用户无需关注硬件相关问题,只需通过软件操作就能满足自身需求。另外,利用虚拟化技术,能够将各个服务器资源整合到一起,避免有的服务器负担过重,而有的服务器处于闲置状态,能够从整体上提高资源利用率,加速数据信息的处理。

(2)安全技术:云平台的数据中心在技术层面具备领先优势,负责进行数据信息的存储,后台的技术管理团队则为用户提供数据管理服务。如此一来,用户就能节省更多的时间与精力,聚焦于课程的设计和教学活动的实施。

(3)SaaS:软件即服务,允许人们以租用的方式来使用网络平台上的软件,软件可以在浏览器上向用户开放。这种方式能够降低国内教育信息化过程中的成本消耗,获取更加丰富的软件资源。

云计算技术具有不同于传统计算技术的新特点,其应用降低了数据存储及管理的成本。云计算技术在教育领域中的应用,使教育资源的大范围整合与调度成为可能,有效促进了教育行业的发展。未来,其应用范畴还将不断拓宽。

第三节　云计算在高职教育平台的应用

一、数字化教育云平台

在数字时代,教育行业引入云计算是必然趋势。在不同国家的教育领域,云计算发挥了不同的作用。1976年,美国哥伦比亚师范学院院长劳伦斯·克雷明在《公共教育》中论述"教育生态学",将学生比作种子,将家庭比作土壤,将教师比作园丁,将社会比作环境。随着教育生态系统不断发展,学生受教育的方式与特点发生了极大的改变。

数字化教育不断发展,推动教育形式与学习方式发生了重大变革,智慧教育模式应运而生。根据教育部的要求,我国要进一步围绕智慧教育的理论与实践,推动云计算与智慧教育理念进一步融合,将智慧教育融入"三网合一智慧教育云"平台,构建一站式数字化教育服务平台。

在智慧教育云平台的作用下,传统的教育边界被打破,教育、管理、娱乐、学习、交流可以通过一个平台完成。在智慧教育云平台上,家长、教师、学校、学生等教学活动的参与者,可以根据各自的权限完成不同的工作,可以在线使用很多教学软件,还可以根据自己的需要获取海量教学资源。

(1)学生:在智慧教育云平台上,学生可以参与智慧课堂,自主探究,与同学、老师交流互动,开展协同学习等。该平台还为学生提供了一个可以随时随地学习的自主学习系统,全面推进素质教育,大规模提升学生的学习质量。云教育平台为学生创造了一个全新的学习空间,打破了传统课堂教学的种种制约,学生可随时和教师、同学、好友交流互动,解决疑难问题。智慧教育云平台的发展目标就是让所有进入平台的学生都能享受到轻松、愉悦的学习体验。

(2)教师:利用云计算构建的资源共享互动平台,可使教学资源与技术服务实现均衡配置、全面共享。教师可利用该平台的教学诊断功能对学生的学习情况做出全面了解,制定个性化的教学方案,开展教学研讨,分享科研成果,促进教学改革。

(3)家长:家长可通过家长社区进行交流,分享家庭辅导及教育经验,不断学习,提升自身素质。学校利用云计算创建家校互通平台,为家长、学校、教师、学生的四维沟通提供极大的方便。

(4)学校:学校是"智慧教育"模式的实施主体,其实践经验可为教学改革提供参考。对于高等院校来说,创建智慧课堂教学平台不仅能降低教学管理成本,还能提升教学管理效率及办学效益。

二、数字化高职教育云平台的构建

(一)新型智慧教育云平台存在的问题

目前,我国关于新型智慧教育云平台实践的研究非常多,这些研究或多或少都存在一些问题。

(1)教育资源难共享。云教育就是利用云计算对所有教育资源进行整合,构建一个教育资源库,实现资源共享。所以,对于云教育来说,导入教育资源是核心,如果不能对教育资源进行整合,云教育就无法实现。

(2)实践维度局限。教育资源共享,让教育资源实现均衡分配是云教育的终极目标,所以如何从理论到实践是云教育面临的一大难题。

(3)网络环境缺乏有效的监管机制,学生参与度不高,信息化手段没能实现有效应用,设备平台的兼容性较差,这些问题亟需进一步研究解决。

新型智慧教育云平台围绕信息资源获取创建了一个即插即用的"学习云",教育主体可以借助云技术聚焦任务、协作互动、进行自主探究与泛在感知,实现数据留存。在此形势下,课堂教育更贴近"剥离知识,贴近应用",实验教育进一步实现了"知其然,知其所以然",学生愈发靠近"以自我为中心,协作学习",教师回归"以教育为本,快乐培育"。

通过对"软件服务"与"硬件设备"进行整合,推动教学模式实现多元化发展,创造一种能够减轻师生负担,提升学习效果,促使学生能力实现全方位发展的学习模式。

智慧教育的实现不仅要借助于不断的教学实践,还需要教师不断地学习新的教育理论,对教学实践进行反思,从而迈进一个全新的发展阶段。

(二)云计算环境下的智慧教育云平台创新

1. 技术创新:终端、系统与平台的智能化

在教育云计算基础上形成的智慧教育,通过智能分析为教师提供所需信息,让他们有针对性地对教材进行改革,对课程进行设计,鼓励学生利用信息技术主动学习。通过信息技术的灵活应用,学生可以轻而易举地获取信息,与同学、老师交流讨论,为学业管理、学术研究提供极大的方便。

在教学系统方面,教学管理系统、课程采集系统、课程管理系统、协作学习系统、教学分析与预测系统、多媒体投放系统,为智慧教育提供了强有力的支撑。在此情况下,高科技供应商与高校合作,借云端缩放技术使课件的应用价值得以大幅提升。在这些系统的帮助下,教师可触及每一位学生,学生可接受来自课内课外、校内校外的优质教学内容,可随时参与各种学习讨论,学习方式更加多元化、人性化,教学内容更加丰

富,教学质量得以大幅提升。

2. 模式创新:混合式教育渐成主流

随着教育技术不断更新,学生大范围地使用技术工具,教师的课堂教学迎来了极大的挑战。实践证明,利用教育技术打造的探索式学习模式是最有效的教学方法,真正做到了以学生为中心。

智慧教育升级了面对面学习、在线学习、混合式学习等多种学习方式,对学习方式进行了创新。在整个教育创新中,混合式学习是一种最激进的学习方法创新,师生之间的接触越来越多,与探索式教学方法实现了有效融合。总而言之,混合式学习将研究型大学的传统优势充分发挥出来,强调学生以技术为工具进行学习、思考,使教育经验得以有效丰富。

3. 评估创新:改革传统"输入式"教育

如何通过技术创新革新高校的教学经验,业内人士各有各的观点。随着大规模开放式在线课程及其他在线教育项目在更大范围内落地,世界各国的学生都能在线选修同一门课程。

随着学校收集、积累的学生数据越来越多,学校对这些数据进行处理并将其用于预测分析、快速评估与反馈,教育行业要尽快做出新的定位,从"输入式教育"转变为"成果式教育",找到一种更适合学生的在线学习的评估与认证方法。

三、云计算对教育资源建设的影响

(一)云计算应用于资源建设的优势

云计算涉及的技术主要有编程技术、虚拟化技术、海量数据分布存储及管理技术、云计算平台管理技术等。其中,海量数据分布存储与管理技术将依托云计算系统的庞大服务器集群,满足广大用户的个性需求。分布式存储能够实现海量数据的实时存储与调用,确保了数据的可靠性、实用性与高效性。

虚拟化技术能够将一台计算机虚拟为多台逻辑计算机,提高计算机硬件容量,简化软件的重新配置过程,同时,将计算机硬件装置和软件应用隔离,整合多种优质资源建立一个虚拟资源池,或将一个资源分为多个虚拟资源。目前,云计算虚拟化技术的应用方式为:借助图形处理器

(GPU)、服务器、操作系统等计算机元件进行资源共享,为用户提供定制化的各种云服务。

云计算平台管理技术的价值在于,云计算平台需要同时运行大量的服务器、应用软件,通过云计算平台管理技术可以维护服务器的正常运行,及时找到云计算系统中存在的问题,并将其快速解决,从而实现云计算系统的安全、稳定、高效运行,提高整个云计算平台的价值创造能力。

建设云计算平台需要投入极高成本,所以,大部分的云计算平台是政府或大型企业支持建设的,国外的亚马逊 AWS、谷歌 Google Cloud Platform、微软 Microsoft Azure 以及国内的阿里云、百度云、腾讯云等都是典型代表。

(二)云计算对远程教育资源建设的影响

云计算服务商可以结合远程教育实际需要,利用并行计算的大型高端服务器集群提供个性化、多元化的云服务。远程教育机构可以按需租用云计算服务商的云服务,将平台和云端服务器连接起来,为学习者学习、自我测评等提供支持。

云服务具有极高的网络带宽水平,安全可靠的软件应用功能为用户提供了优良平台,通过整合大量优质资源并合理分配,提高服务水平与质量。具体在远程教育应用场景中,云服务可以整合政府、教育机构、企业等各方资金,为教学资源研发创新提供支持,激励更多的教育工作者及学生共享教学资源,有效降低远程教育门槛,使更多的教师与学生享受到远程教育带来的便利。

云计算平台为用户提供的云端服务是以共享型硬件设备、软件资源等形式体现的。云端服务器整合了海量的联网远程教育平台资源,对教育资源高效配置,促进远程教育均衡发展,提高中西部及农村与三四线城市教育水平,具有十分积极的影响。

第六章　大数据与高职教育

第一节　数字化教育里的大数据应用

一、大数据环境下的数字化教育模式

在大数据环境下,各行各业都受到极大的影响,教育行业也不例外。从教育从业者的视角来看,这既是一种机遇,也是一种挑战。因为进入大数据时代之后,很多与教育相关的问题不是花时间就能解决的,作为其中的主体,教育工作者必须把握技术的主旋律,运用智慧,利用大数据解决各种教育问题。

传统教育兴起于工业化时代,班级、课堂、时间安排都实现了标准化、统一化。进入互联网时代之后,教育发生了极大的变化,尤其是在大数据的影响下。具体来看,大数据从各个层面对教育活动产生了深远影响。

(一)什么是大数据

大数据指的是无法在一定时间内用常规软件捕捉、管理、处理的数据集,是需要借助新处理模式才能提升决策力、洞察力、流程优化能力的信息资产,这种信息资产具有规模大、多样化、增长率高等特点。

维克托·迈尔·舍恩伯格被称为大数据之父,他在《与大数据同行:学习与教育的未来》一书中提到"大数据"为学习带来的变革:利用大数据,教育工作者能收集一些过去很难收集起来的数据,可以迎合学生个体的需求,通过概率预测找到需要优化的学习内容、学习方式与学习时间,并对其进行优化。

教育工作者在教育过程中使用大数据,意味着教育工作者拥有了一个功能强大、具有实证效果的工具,能看到整个学习过程,破除学习过程中的各种障碍。在传统环境下,教育工作者可以通过发放问卷、考试、心

理测验获得数据,但通过这些方法获得的数据与大数据分析获得的数据存在显著差异。在大数据环境下,所有行为都可以转化为数据,并且可以利用合理的数据记录方式将数据转化为可以分析的数据模型,对数据进行有效分析,从而为教育者与个性化教学提供有效的数据支持。

(二)大数据如何改变教育

1. 打造个性化的学习模式

在传统教育模式下,要想明确学生特质,教师必须进行脑力分析,然后根据学生特质投入大量时间、精力制定教学方案,这种方法不仅耗费的成本极高,而且很难大规模开展个性化学习。有业内人士表示:在传统模式下,社会科学的处理环境多为实验室,处理方法多是根据经验形成的半定量科学,涵盖了心理学、社会学、管理学、社会心理学等多种学科。

现如今,在大数据及人工智能的支持下,教育工作者可对几十万学生进行精准分析,开展定量研究。借助规模庞大、动态性较强的数据库,教师可对学生的学习情况做出全面了解,以学生的学习情况为依据制订个性化的教学方案,布置个性化的学习任务。

2. 大数据预测改善教与学

利用大数据进行预测有一些典型案例,比如,内特·西尔弗利用大数据对美国总统的票选结果进行预测,洛杉矶警察局和加利福尼亚大学联合利用大数据对犯罪情况进行预测,高德地图利用大数据对节假日期间的交通出行情况进行预测,为出行公众提供有效的交通方案。大数据创造价值的方式非常多,其中最有价值的当属预测功能。

大数据预测不仅能立足过去,帮人们更好地开展总结活动,也能立足于现在,持续不断地为人们提供动态化的数据,更可以立足于未来改善教学,创造一个全新的教育时代。这种大数据预测是以海量数据为基础,利用数据算法进行分析,最终对某种情况发生的可能性做出精准预测。整个过程涵盖了数据收集、数据分析、数据模型生成、数据运用等四个阶段。以大数据为基础,教师可对学生在某个学习阶段可能遇到的困难做出精准预测,并提前制订有效的解决方案。

二、大数据如何应用

（一）教育大数据的应用

1. 在线学习分析

有网络购物经验的人都会有这种体验，网站会根据用户的购买记录或浏览记录向其推送相关产品或资讯。在大数据环境下，利用互联网学习的用户也会产生类似的体验。事实上，平台之所以如此了解用户，主要在于引入了大数据，利用大数据进行在线学习分析。对不同的学生进行预测时系统会自动跳转，因为大数据分析会根据学生的能力做出不同的反应。具体来看，大数据在线学习分析具有时效性、规律性、动态性、匹配性四大特点。

2. 教育创新

教师可以利用大数据获取更多学生信息，让评估方式变得多元化。比如，对于获得满分的学生，教师的评价不再是统一的"优等生"，而是进一步对学生的能力进行分析，区分出凭借逻辑思维取得满分的学生和凭借记忆力取得满分的学生。对于凭借记忆力取得满分的学生，教师要帮助其改变学习方式与习惯。同时，在学习过程中，教师要对学生的学习动态进行实时观察与评估，对其学习状况进行科学评价与调整。

业内人士表示，大数据可以记录孩子的成长，挖掘孩子的兴趣，学习重点不再完全放在课内，学生可以自由地支配课外时间。同时，大数据可对学生在课外时间的所有活动轨迹做出实时记录，包括成长目标、兴趣爱好等。这些数据为教师的课堂教学活动与家长的家庭教育提供了有效支持，增强了决策的科学性。

在互联网影响下，各行各业都发生了巨变。利用各种先进技术，互联网可进行实时追踪，并将追踪行为数据化，给教育事业带来了巨大影响，给教育工作者提出了新要求。在大数据的作用下，教师与学生结合得愈发紧密，不仅学生获得了更科学的学习规划，体验到更有趣的学习过程，教师也拥有了更明确的发展方向。

（二）我国完善教育大数据的发展对策

大数据在教育领域的应用，将会爆发出惊人能量，引领我们走向教育发展新时代，为教育革新提供强有力支持。当然，我国教育大数据发展水平较低,在配套设施建设、丰富应用场景、完善法律法规等方面还有较大的提升空间。未来,在发展教育大数据过程中,必须做好以下几个方面。

1. 跨领域数据的融通共享

为了保障数据分析的全面性、客观性,从多个领域获取教育数据是很有必要的,尤其是和教育相关性较强的领域,而不同领域的数据在数据类型、结构等方面存在一定的差异,这种情况下,做好跨领域数据的融通共享,对发展教育大数据就显得十分关键。

2. 教师的数据素养

发展教育大数据仅有技术是远远不够的,还要有人来管理、决策及执行,教师作为教学实施者,必须提高其数据素养,培养其将大数据应用到教育教学实践中的能力,比如要求教师等教育工作者掌握获取、分析及应用数据改善教育教学实践的能力等。

3. 教育大数据的隐私与伦理问题

发展教育大数据不仅涉及教育机构,政府部门、大数据服务商、互联网企业等也会参与其中,如果数据所有权不明确,很容易带来较为严重的个人隐私泄露、数据滥用等问题,威胁个人财产及人身安全,会产生较大的负面影响。如今,我国在教育大数据方面的法律法规建设有待完善,行业自律积极性有待提升,未来必须加快完善教育大数据法律体系,引导教育机构、大数据服务商等建立行业协会,加强外部监管与行业自律,为教育大数据的可持续发展奠定坚实基础。

三、问题与挑战

相较于交通行业、医疗行业、商业等,教育行业更加特殊,其运作也受到更多因素的影响,使大数据在教育行业中的应用面临许多问题。现如今,国内教育大数据存在应用问题、治理问题及运营问题。

(一)应用问题

现如今,大数据的理念普及到了诸多行业,大数据在提供决策参考、提高教育针对性、促进教育协调发展、优化教育服务等方面的价值也被越来越多的人所知。迄今为止,国内教育行业已经在学校资产智能管理、高校报考难度预测、贫困学生预警等方面进行了大数据应用的尝试与探索。但从整体上来说,国内对教育大数据的应用仍然缺乏集中性,且处于早期发展阶段。当前的教育行业,在教育大数据的实际应用方面仍然面临很大的困难,行业需要寻找能够进行大范围推广的成熟的应用模式。

为了促进教育大数据的应用,应该由大数据专家与教育家带头,出台专门的大数据应用指南,发挥政府相关部门的引导作用,把教育大数据的应用纳入国家发展战略中;筛选具有代表性、能够进行大范围推广的教育大数据应用模式,制定清晰的教育大数据应用思路,推进大数据走进区域教育行政部门、学校、相关教育企业等;积极学习国外在教育数据应用方面积累的优秀经验,对国内教育数据应用的情况进行总结与分析,并以研究报告的形式展现出来,通过这种方式扩大教育数据应用的范围,切实发挥其应用价值。

与此同时,要组建教育大数据研究机构,积极吸纳计算机科学、管理学、教育学的专业研究者,聚焦于解决教育大数据应用过程中遇到的普遍性、核心性问题,根据教育发展的需求及未来发展方向,进行预测性研究,通过展开研究项目,促进教育大数据的应用落地,加速其发展进程。

(二)治理问题

在信息时代,教育行业在运营过程中会产生大量的数据信息,这些数据的来源渠道、格式类型各不相同,教育管理者则需集中优势力量实施教育数据治理。实施教育数据治理是为了保证教育数据的质量,提高教育数据应用的可靠性,扩大教育数据资源的应用范围,提高其利用率。

身为教育管理者,需要提高对数据治理的重视程度,提高研究机构、学校、企业、公众在教育大数据应用中的参与度。国家相关部门应该抓紧时间制定教育大数据治理的方案,开发成熟的教育大数据治理模式,对教育数据资源的收集、存储、交互及应用行为进行管理。出台教育数据收集和管理的统一标准,建立明确的数据治理机制、质量监督体系及具体操作流程。寻找教育数据资源的长期存储方式并进行机制建设,对来源于教育资源平台、教育数据库、教育服务平台的数据信息进行整合,建立覆盖全国的教育大数据中心。打造教育大数据开放平台,让教育机构、企业及用户个人都能够从平台上获得所需的数据信息,推出特色化的教育应用,在教育数据治理及教育数据应用过程中发挥大众的创造性。

(三)运营问题

作为一种国家资产,教育数据应该为广大民众提供高效的服务。从这个角度来说,民众有权获得并使用教育大数据,但同时要注重教育数据应用的安全问题。适度提高教育数据的开放程度,能够促使研究机构、企业及用户个人都参与到数据应用过程中,深度挖掘教育数据的价值,提高整个社会对教育数据的重视程度,为教育的改革创新提供助推力量。

立足于宏观角度来分析,与金融数据一样,教育数据的安全性也不应被忽视。要审慎确定教育数据的开放范围、使用对象、开放程度等,提高教育数据应用的安全性,避免教育数据被非法应用,给数据信息相关者乃至整个国家造成损失。在这方面,政府部门要发挥监督作用,模仿通信行业对运营商的管制方式,对教育数据运营商设置准入门槛,为符合条件的运营商颁发运营牌照。其他机构应该按照统一规定进行申请,在得到许可之后才能获取并使用教育数据。

四、顺应大数据趋势

大数据的应用促进了许多行业的改革创新,教育领域也不例外。大数据在教育行业的发展趋势如何?在这里总结为以下几点。

(一)趋势一:数据的采集和分析成为基石

所有应用系统的运转,都以数据采集与分析为基础。随着教育信息化的建设与发展,市场上涌现出多样化的产品,涉及教学、培训、科研等内容。当大数据技术在教育领域得到更为广泛的应用时,信息化应用系统将更加注重数据的获取与分析,通过收集更丰富的数据资源,增强应用系统的智能化水平,突显其竞争优势。与此同时,为了降低用户的理解难度,可视化技术也逐渐得到普遍的应用,为应用系统提供技术性支撑。

(二)趋势二:产品体系多样化

教育大数据产品体系将呈现多样化特点。为了将传统的应试教育转变为素质教育,相关部门正积极改革考试招生制度,促进教育的创新式发展。未来,考试分数将不再是教师、学生与家长的唯一关注点,个性化的教育需求会逐渐增加。在这种发展大势下,更多的个性化服务产品将出现在教育大数据市场上。调研结果显示,在国内基础教育行业中,需求量较大的大数据产品集中在决策类产品、学习分析型产品、教育教学评价产品、辅助教育管理产品、个性化服务产品及预警类产品上。

(三)趋势三:产业链分工精细化

教育大数据产业链将开展精细化运营,提供专业度更高的服务。互联网思维提倡极致化运作。出于优化教育服务的目的,教育大数据产业在后续发展过程中,将在原有基础上进行专业分工,促进产业链不同环节之间的交流、合作,发挥整体的协同效应。各个环节能够从专业供应商那里获得更加优质的服务。在市场需求的驱动作用下,国内有望兴起一批聚焦于交易数据获取、分析及价值挖掘的企业。

(四)趋势四:数据安全意识不断增强

业内提高了对教育数据安全问题的重视程度,并将其作为产品质量评估的重要标准。在大数据时代,人们越来越重视数据安全,在这方面,教育大数据产品仍需做出改善。包括教育机构、政府、企业在内,在引进教育信息化产品时,都应该考虑其应用的安全性。与此同时,负责制定数据标准的部门,也要加快推出统一的数据应用标准体系。那些忽视数据安全性因素的企业产品,将在激烈的市场竞争中处于劣势地位。

(五)趋势五:产学研合力谋求突破

教育大数据企业会加强与科研机构、学校之间的合作关系。企业仅依靠自身的能力,很难在教育大数据产品研发及应用方面取得突破式进展。在具体实施过程中,企业应该对学校的教育需求进行分析,在遇到技术瓶颈后,联手科研机构、高校共同解决。未来的教育大数据市场上,企业、科研机构、高校之间的合作将越来越普遍,三者之间能够发挥协同效应,促进教育大数据产品的开发和应用。

(六)趋势六:人才培养意识开始凸显

教育行业将在教育大数据课程建设及人才培养方面投入更多的精力。人才方面的短板阻碍着国内大数据产业的发展。高校在大数据人才培养方面发挥着主导作用,随着该领域对人才需求量的提高,高校将增设教育大数据相关专业和课程内容。企业也会参与到教育大数据人才培养中,联手高校推出符合实际需求的教育大数据课程内容,为行业发展提供人才支撑。

(七)趋势七:教育数据有序开放

教育数据的开放程度逐渐提高,应用也更加规范,企业可以开展相关运营,推出增值服务。现如今,世界各国都在鼓励公共数据的开放。公共数据中有一部分就是教育数据,可以预见,教育数据的开放性将逐渐提高。企业达到资质要求后,可以就许可范围内的公共数据开展运营,开发相关的增值服务。如此一来,企业就能够分担教育管理部门的责任,进一步推动教育创新,整合企业、教育机构的力量提取数据价值,优化教育服务,促进教育行业的发展。

(八)趋势八:专业第三方机构开始出现

聚焦于专业教育数据质量与安全评估的专业第三方机构将纷纷涌现。存在于大数据应用过程中的数据安全与质量问题逐渐受到重视,要想促进大数据产业的发展,就要解决这些问题。如今,教育系统管办评分离政策已经进入到执行阶段,负责进行教育数据质量与安全评估服务的第三方社会机构会呈现迅速发展之势。这种第三方机构独立于政府之外,其存在并非为了获取利润,而是为了优化教育数据质量,提高数据评估的科学性。

未来,教育大数据的价值将得到更为广泛、深入的开发,教育行业将在大数据应用的驱动作用下加速变革。越来越多的教育研究者会参与到教育大数据的研究与分析中。为了实现大数据与云计算之间的对接,不妨借鉴海外国家的先进经验,根据我国的国情及企业自身的发展情况进行调整,推动教育行业的改革与创新,促使整个行业向信息化方向发展。

第二节 大数据的实践路径

一、让教育管理科学化

近年来,政府、学校、行业协会、研究机构、相关企业等都参与到大数据应用领域中,对大数据的价值进行开发。教育行业的专家也纷纷探索将大数据与教育深度融合的方法。从实践层面上来说,教育大数据在教育主流业务中的渗透,及其对教育系统的改革创新发挥的促进作用,即为教育大数据的意义所在。

教育肩负着培养适应现代社会生存需要、具备较强创新能力优秀人才的重任,但我国师资团队建设滞后、教育资源不足等因素,给教育事业发展带来了诸多阻碍,而移动互联网、大数据、云计算、人工智能等新一代信息技术在教育领域的研究应用,为教育改革提供了新动能。

大数据是时代前沿技术之一,是各国政府布局的重点领域,在新一轮工业革命中扮演着十分关键的角色,在教育领域也具有十分广阔的应用前景。大数据能够促进个性化教学、精准化科研、科学化考核、智能化决策、精细化管理,培养富有创造力的优秀人才,显著提高教育水平与质量。

现阶段,国内教育管理的信息化工作依然采用传统的管理模式,对传统人工操作的依赖性较强,智能化水平有限,管理效率比较低下。在国家教育管理公共服务平台的支持下,相关部门的数据获取将更加规范。随着大数据在教育领域的深度应用,教育数据的价值将得到更深层次的挖掘,不同数据之间的关系能够被准确定位。

运用大数据技术来处理教育数据,提取海量数据中的价值信息,发现教育系统中的弊端,为决策制定及教育管理工作的实施提供精准的参考。大数据对教育管理工作的积极作用集中于教育决策支持、教育设备的管理及环境调控以及教育危机的预防及治理工作。

利用大数据技术,不仅能够对教师及管理人员信息、财务信息、运维服务信息等进行整理,并以图表方式进行可视化呈现,还能够对以往的教育数据资源进行深度挖掘,通过分析应用系统中存储的人口分布数据、地理位置信息、经济形势数据等,从中提取数据价值。在进行数据统计、对比分析、趋势预测、指标实现情况分析的基础上,提高数据资源的利用率,为管理者制定决策提供精准的参考,提高其决策的科学性。

自我国启动新课改至今,已经在环境建设、方法优化、课程内容丰富方面做出了成绩,但与预期的效果之间仍存在较大差距。由于没有发挥教育数据对课程改革相关决策的支持作用,仍然依靠传统经验模式来制定决策,难以提高决策的准确率。

在实施教育管理的过程中,应该充分发挥大数据的作用,利用传感设备来捕获教育管理过程中涉及的人员数据、办学条件数据、师资数据、教学活动数据,等等。在进行数据整理与分析的基础上,以用户可理解的方式呈现数据分析结果。按照相关管理机构的具体发展需求,实施有序的教育管理,促进上级指令信息的高效传递。

教育管理机构在运营及发展过程中,会使用各类资产设备展开教学活动,并产生海量的数据信息,需要对这些数据进行存储及管理。采用智能化管控手段,能够充分发挥先进设备的各项功能,减少能源、资源消耗,降低管理难度并实现成本节约。

举例来说,国内部分高校打造了覆盖整个校园的智能能源监管平台,依托先进的技术手段,比如云计算、物联网、网络通信技术等,用准确的数据代替传统模式下的经验总结,提高管理者的决策能力,降低主观决策导致的失误,建设智慧化校园。

现如今,校园安全问题受到人们的普遍关注。利用传感设备与信息系统进行广泛的数据收集,并对这些数据信息进行对照处理,更加全面、有效地把握校园的安全运行情况,做好危机处理的准备工作,减少教育安全问题的发生概率。除此之外,大数据还能够应用于课堂管理、学校网络管理、学生救助、区域教育资源调度等多个方面,充分发挥教育数据资源的价值。

二、带来优质教学服务

如同传统工业时代大规模批量生产产品一样,传统教育模式难以培养多元化、个性化人才,教师居于主导地位,进行一对多的单向理论知识传授,学生的个性化需求得不到充分满足。在跨界颠覆成为常态的移动互联网时代,这种人才培养模式显然变得不再适用。

大数据技术在教育领域的研究应用,能够对学生进行深入分析,使教学过程将重点精力放在学习者身上,根据学习者的特性设计教学课程、教学方式方法,而不是让学习者被迫适应标准化的教材与课程。这更有助于激发学习者潜能,进一步强化学科优势,培养多元化人才。

传统模式下多采用"一刀切"式的教学模式,在利用大数据技术进行数据分析与处理的基础上,则能够提高教育的针对性,满足学生的个性化需求。依托大数据,大型开放式网络课程(MOOC)、翻转课堂将被更多学校采纳。教师能够精准把握学生的学习情况、学习进度等,并了解学生的兴趣爱好、知识漏洞,据此制定符合学生个性化需求的教学方案,以更加丰富、生动的教学方式为学生传授知识,打破传统课堂教学的束缚。

通过运用大数据,教师可以对自身及学生的情况进行全面把握,据此调整当前的教学模式,充分调动学生的积极性,帮助学生解决学习过程中遇到的问题。大数据技术还能在教师评估方面发挥作用,分析教师教学能力的提高,并采用科学有效的方法对教师的教学方法进行客观评定,督促教师在实践过程中不断改善教学方法、改进教学方案,为学生提供更加优质的教学服务。

借助于大数据技术优化教学方式正变得越来越普遍。美国普渡大学推出"课程信号项目",将来源于学生成绩单、学生信息系统、课程管理系统的数据进行分类整理,依据学生的学习情况将其划分为不同的组别,筛选出成绩状况不理想、可能无法通过最终考核的学生,为其提供个性化的教学服务。

提前预测结果是大数据作用的重要体现,这种功能可以被应用到诸多领域,比如预测商业计划的实施结果、选举结果等。在教育领域,大数据的预测能力能够为提前干预打下基础,这也是相关企业在应用大数据技术的基础上,开发个性化教学、个性化学习产品的重要原因。

三、打造个性化学习方案

利用大数据技术,教师与机器能够对所有学生的具体情况进行准确把握,据此推出符合其实际需求的学习工具、学习方法、活动内容、学习资源等。尽管网络学习能够体现出个性化特征,但在缺乏大数据的前提下,机器对用户个人情况的把握是不全面的,难以为其提供个性化资源与教育服务。民主化教育的实现有赖于互联网平台的运营,个性化教育则离不开大数据的支持,而学习个性化是教育个性化的集中体现。

智慧型学习平台是学习管理系统的发展方向。在获取用户学习行为数据的基础上,利用处理与分析技术对这些数据进行深度挖掘与分析,选择恰当的学习者模型,据此为用户提供相对应的学习资源,实施有针对性的学习评价,对其学习结果进行客观、准确的评估,根据学习者的具体情况提供针对性的建议。

利用大数据技术,能够更加详细、全面地收集学生的学习行为数据,精准把握不同学生对学习资源的使用情况,具体包括使用学习资源的时间、学习时长、知识掌握情况、回访情况等。在此基础上,平台能够对学习资源的质量进行科学评估,改进学习资源。与此同时,学生还能准确掌握自己当前的学习状况,具体如个人学习兴趣、擅长的知识领域等,在准确进行数据分析的前提下,找到适合自己的学习途径与发展方向,充分发挥自身优势,进行自我导向学习,开发自身的潜能。

通过分析不难发现,已经存在于市场及还处于研发阶段的适应性学习产品,为了给学生提供更有针对性的学习服务,需要对学生的学习行为数据进行获取与分析。

在数据获取环节,系统会将学习内容中的不同概念联系起来,对学生的学习目标进行准确定位,然后用模型计算方式实施数据提取与分析。在推断环节,会运用心理测试方法、反馈方法等对此前获取的数据资源进行深度处理,将最终的处理结果用于为学生制定更有针对性的学习方案。在建议环节,会运用预测分析等方式给用户提供学习建议,并将其长期以来的学习记录呈现出来。

四、重构教学评价体系

评价是教育的重要组成部分,能够体现教学质量,并督促教师、学校不断完善教学过程。传统教育评价体系过度强调学生考试成绩,对培养学生个性、提高其综合素质重视不足,难以为教学过程的优化完善提供必要支持。

大数据在教育评价方面的应用,将使考核评价覆盖范围更为广泛,除了学习成绩外,特长、身心健康、成长体验、学业进步等诸多方面也会被纳入考核体系,强调学生知识、技能、素养的共同发展,由过程性评价取代一次性评价,注重学习过程体验,避免偶然性,通过大数据采集分析系统对学生考核,减少人为干预,确保评价公平合理。

智能设备与系统在教育领域的应用,学习习惯、学习行为及表现等数据会被实时记录,帮助学校改善教学流程、管理,让教师通过教学反思不断提高教学水平,学生也可以对自身的知识体系有更为客观、清晰的认识,通过有针对性的课外学习补足短板。

传统模式下,教育评价主要依靠主观经验,采用单一的评价方式,评价对象为宏观群体。大数据在教育行业中的应用,使教育评价转而依靠数据信息,采用综合评价方式,评价对象也转为微观客体。

传统模式下,只能从网络教育平台获取档案信息,在智慧学习模式下,则可利用先进的信息技术手段获取教学及学习的所有行为数据,除了档案信息之外,还可收集用户所处的时间、地点、使用设备、个体特征等学习情境相关信息,以更加多元化的数据为中小学学业评价提供有效的信息参考。学生将拥有终生的学习档案,包含其学习期间所上的每节课的学习行为记录,教师也将拥有终生的教学档案,包含其所有教学行为记录。

利用云计算技术,在云平台永久保留学生与教师的档案,选择恰当的评估模型,定期评估学生与教师的学习及教学情况,据此制定个性化的服务方案。对于学生的行为表现,学校除了评估学生在校期间的学业完成情况之外,还会对学生毕业后的行为表现进行追踪,综合评判学校的教学水平。

现如今,相对完善的国家基础教育质量数据系统、多级数据采集系统已在我国教育领域中发挥作用。能够对学生的发展历程、学生各个方面的发展信息进行准确收集,全面展示学生的发展情况,推动教育质量管理方式及学生培养模式向更加合理的方向发展。比如上海推出的"中小学生学业质量绿色指标"体系,除了学生学业水平数据外,该体系还包含了校长领导力、学生家庭背景、师生关系等相关数据,会将教学质量评估结果提供给区县教育部门及学校,促进教学服务、学习行为、教育管理等向更加科学的方向发展。

如今,很多国家都开始在教育教学评价中应用大数据技术。

美国田纳西州推出 TVAAS（增值评价系统），该系统能够长期记录学生的学习状况，据此判断学区、学校及教师的教学质量与教学能力。该系统面向 3～12 年级的学生群体，要求这个阶段的所有学生参与语言、科学、数学等测试考验，用增值评价方法来分析其考核结果，据此判断学生的学业发展情况，从而对不同学区、学校、教师所做出的贡献进行科学有效的评估。

TVAAS 系统能够为教育决策者提供全面的参考信息，为发展性评价在教育领域的广泛推行提供支持。该系统能够分析不同学校在不同学科上的成绩增长率，根据此前的成绩增长率，找出成绩增长较慢或者成绩下降的学生群体，并实施干预；对不同学生在不同学科将取得的成绩进行预测，从中筛选出在毕业考试中可能失败的学生群体，帮助教师与教学管理者为这些学生制定针对性的教学服务内容；教师也可以利用 TVAAS 系统对还未进入其班级的学生情况及历史成绩进行分析，在此基础上选择适合这个班级的教学方案，通过这种方式提高教学水平与教学质量。

五、对教学实践持续优化

教育科学研究应该服务于教育教学实践，促进教育教学实践提质增效，培养更多的优秀人才，这样才能得到更多的资源支持。然而传统教育科学研究以质性研究和理论演绎为主，对量化研究和实证研究缺乏足够重视。类似观察法、调查法、统计法等诸多实证研究方法，虽然本身并没有问题，但受制于技术、成本限制，通常是以抽样调查的形式进行局部研究，成本高、时效性差，难以对教育教学实践进行持续优化。

进入大数据时代后，通过对教育教学数据进行深入分析，可以更好地识别教育相关关系、因果关系，找到现有教育系统中问题的根源，客观、公正地评估教育现状，科学合理地进行未来趋势预测。比如，一支由麻省理工学院、哈佛大学组成的学者团队，运用大数据分析技术对在线课程平台的教学视频操作行为进行深入分析，研究学习者的学习规律，并将这些规律和视频内容、时长等进行相关性分析，为在线课程平台完善内容体系提供了有效指导。

第三节　大数据在高职院校在线课程建设中的应用

大数据应用是教育信息化的重要手段和特征之一,大数据思维已越来越多地应用到教育领域。利用大数据促进在线课程建设和有效开展在线教学,是扩大教育供给,促进教育公平,完善终身教育体系的重要途径,也是我国教育信息化发展的重要任务。

一、在线课程的内涵

在线课程最早出现在国外,我国于 2012 年起开始积极建设在线课程,当前国内有关在线课程内涵的研究主要分为两大类:一是以"教"为中心的课程观,如教育部将在线课程定义为"通过网络表现的某门学科的教学内容及教学活动的总和",何克抗认为在线课程是为了达到既定培养目标所需要的全部教学内容与教学计划。二是以"学"为中心的课程观,如穆肃等认为在线课程要以学习者为中心,调动学生的高阶思维,有效引导学生在线学习中深层次学习的实践,赵丽提出要突出以学习者为中心的在线课程开发理念,将学习者纳入在线课程建设者的群体中。基于这些研究,可以认为在线课程是基于互联网技术支持和全新教与学关系下的针对某门学科而展开的教学科目、教学活动和教学过程的总和。

二、大数据背景下高职人才培养方案的设计——以某职业院校统计与会计核算专业为例

统计与会计核算属于财经商贸大类,入学要求是高中阶段教育毕业生或具备同等学力者,修业年限为三年,相关职业技能证书包括初级会计师证书、初级统计师证书、全国市场调查与分析专业技能(CRA)证书、智能财税职业技能等级证书(初级)等,主要就业岗位为统计信息管理、数据分析、调查分析、出纳、会计核算、财务管理与分析等,主要发展岗位为会计主管、数据统计高级专员等。

统计与会计核算专业适应经济社会转型升级及数字商务蓬勃发展需要,培养理想信念坚定,德智体美劳全面发展,具有较强的统计理论基

础、较强的统计思维、良好的人文素养和良好的职业道德及创新创业能力,传承敢为人先、经世致用的商业文化和精益求精的工匠精神,掌握统计学、会计学专业基础知识,熟悉统计技术、会计方法及相关法律、法规,具备统计信息管理、数据分析、调查分析、出纳业务处理、会计核算和财务管理与分析等专业技能,面向会计、审计及税务服务等行业,能胜任企事业单位统计与会计工作,"擅统计、精财务"的高素质技能型复合人才。

(一)培养规格

为适应大数据时代及新技术形势下行业企业对统计、会计人员的实际需求,结合专业人才培养调研情况,基于本专业对应的主要岗位类别(或技术领域)分析,统计与会计核算专业毕业生应在素质、知识和能力方面达到以下要求。

1. 素质要求

(1)坚定拥护中国共产党的领导和社会主义制度,在习近平新时代中国特色社会主义思想指引下,践行社会主义核心价值观,具有深厚的爱国情感和中华民族自豪感。

(2)遵纪守法、崇德向善、诚实守信、尊重生命、热爱劳动,履行道德准则和行为规范,具有社会责任感和社会参与意识。

(3)具有正确的世界观、人生观、价值观,具有良好的职业道德和职业素养,具有良好的身心素质和人文素养。

(4)具备较强的竞争意识、自我控制能力和团队合作能力,具备诚实守信的统计职业道德和爱岗敬业精神。

2. 知识要求

(1)掌握必备的思想政治理论、科学文化基础知识和中华优秀传统文化知识。

(2)掌握心理健康知识、创新创业知识、职业发展与就业知识、会计职业素养。

(3)熟悉岗位职责与要求,正确执行有关的财经方针、政策、法律、法规、准则、制度。

(4)掌握经济、财政、税务、金融、统计、企业管理等基础知识。

(5)掌握统计学、市场调查与分析、Excel 在统计中的应用、统计数据整理、统计数据分析、统计监督、统计预测与决策等专业知识。

（6）掌握会计实务、经济法、纳税实务、管理会计、会计信息系统应用、成本核算与管理等专业知识。

（7）掌握资金时间价值、投资管理、筹资管理、营运资金管理等财务管理与分析知识。

3. 能力要求

（1）统计信息管理能力：具备统计信息管理岗位工作能力，能够运用 Excel 或者 SPSS 等统计软件对所掌握的统计数据、资料进行描述性统计分析；能够运用 Excel 或者 SPSS 等统计软件对所掌握的统计数据、资料进行推断性统计分析，比如对经济现象进行单样本 T 检验、独立样本 T 检验、单因素方差分析以及进行相关分析和回归分析等。

（2）数据分析能力：具备统计整理、分析的能力，能对杂乱无章的原始数据进行统计分组，正确计算反映数据集中趋势的平均指标，以及反映数据离散程度的标志变异指标，通过计算样本指标推断相应总体指标数值等；对于动态数列，能够准确计算相对指标，熟练运用各种水平指标和速度指标分析时间序列，并进行统计预测。

（3）调查分析能力：具备市场调查设计、数据挖掘能力，能够根据具体实践项目准确分析调查目的，制定统计调查方案，能够根据调查对象、内容和方法设计调查问卷，能够根据调查对象设计抽样方案。

（4）出纳业务能力：具备出纳岗位工作能力，能够办理现金收付和银行结算业务，能够编制收、付款凭证，根据收、付款凭证逐笔顺序登记现金日记账和银行存款日记账，能够完成余额调节表的编制，具有较强的数字运算能力。

（5）会计核算能力：具备会计核算能力，能准确进行会计要素的确认、计量和报告，能够进行企业日常业务的会计处理，熟练进行会计凭证审核与编制、账簿登记以及报表编制。

（6）财务管理与分析能力：具备财务管理与财务分析能力，能够根据企业业务资料和相关财务指标，分析企业现在的财务状况，预测未来的发展趋势，对投资管理、筹资管理、营运资金管理等进行决策。

（二）课程设置

统计与会计核算专业的课程分为五个模块：公共基础课程模块（必

修、限选、选修)、专业基础课程模块、专业核心课程模块、专业拓展选修课程模块、专业集中实训课程模块。

(三)专业教学资源

1. 数字资源配备

在已有的统计与会计核算专业教学资源库建设项目、"经济法"省级精品在线开放课程、"初级会计实务""纳税实务""统计学基础""管理会计实务""模拟企业经营"等一批院级精品在线开放课程以及"统计学基础"省级教学改革项目基础上,积极开发与行业变化同步,真正适应大数据与传统产业协同发展的新业态、新模式背景下的岗位技能需求和适应统计、会计核算信息化、管理化发展的专业课程资源。教学实施中,认真选取满足学生专业学习、教师专业教学研究所需的教材、图书文献及数字教学资源。

2. 教材要求

(1)尽可能选用优质的国家规划教材,教材内容应充分体现任务项目引领、职业能力导向课程的设计思想,结合统计与会计核算专业各岗位职业需求,创新内容,科学设计,方便学生课后线上学习。

(2)应将本专业职业活动分解成若干典型的任务项目,按完成任务项目的需要和任务项目要求组织教材内容。通过实务操作机制,引入必要的理论知识,增加实践操作内容,强化基本理论在实际操作中的应用。

(3)根据专业特色和教学需求,校企合作共同开发《统计学基础》《经济法基础》《纳税实务》《初级会计实务》《统计与会计核算综合实训》等教材(含讲义、公开出版教材和数字教材),收集整理并不断完善教学资源,包括课程标准、课程讲义、教学课件、案例库、试题库等教学资源,通过建立课程教学网站,将课程资源上网,进行网络互动教学。同时,大力开展现代信息技术应用与数字校园建设。

(四)信息化教学手段的运用

重视数字化教学资源建设,发挥现代信息技术在专业课程教学中的作用,充分运用多媒体教学、网络教学等现代化的教学手段开展教学。

1. 多媒体教学

专业课程校内教学活动均在统计与会计综合实训室或多媒体教室

进行,所有统计与会计综合实训室与多媒体教室都与网络连接,实现教学的开放性和教学资源获取的广泛性。

2. 网络教学

开发网络在线课程,包含课程授课计划、电子教案、教学课件、习题、案例、实训指导书、参考书目等教学资源。立项建设一批校级精品资源共享课,实现优质教学资源共享,为学生自主学习和教师交流提供一个远程统计与会计在线教育平台。

(五)教学设施

1. 专业教室基本条件

一般配备黑(白)板、多媒体计算机、投影设备、音响设备,互联网接入或 Wi-Fi 环境,并具有网络安全防护措施。安装应急照明装置并保持良好状态,符合紧急疏散要求、标志明显、保持逃生通道畅通无阻。

2. 实习实训室

校内实训实习必须具备基础会计、智能财税、会计信息系统应用、统计电算化、统计与会计综合实训等实训室。同时,通过校外实训基地建设,进一步加强与企业、行业和社会及经济实体间的联系和合作,互惠互利,共同发展。积极联系并建设可接纳学生顶岗实习的实训基地,加强校企合作,力争形成"订单培养"或"现代学徒制"培养模式。提供实习岗位,配备相应数量的指导教师对学生实习进行指导和管理,承担对"双师型"教师的培训。实习基地有保证实习学生日常工作、学习、生活的规章制度,有安全、保险保障。学校、学生和企业三方应就实习权利、义务和责任签订专门协议,就顶岗实习的岗位安排、实习期限、实习内容、制度约束、成绩考核、工伤事故、争议协调等方面做出明确的约定。

三、大数据背景下高职课程标准的设计——以"Excel 在统计中的应用"为例

(一)课程性质与任务

1. 课程性质

"Excel 在统计中的应月"课程是针对统计与会计核算专业开设的一门必修专业课,基于统计与会计核算专业毕业生就业的相关工作任务中 Excel 应用的基本要求实施课程开发。该门课程的教学目标是让学生掌

握如何使用 Excel 软件进行数据整理和分析,培养学生具备较好的统计信息系统应用水平和实践操作能力。

2. 课程任务

"Excel 在统计中的应用"课程是一门实践性很强的应用型课程,旨在培养学生的信息化统计核算岗位工作能力,学生通过学习既要懂得统计信息化的基本理论,又要熟练掌握统计信息化岗位的技术。"Excel 在统计中的应用"课程以就业为导向,根据高职院校学生的特点和认知规律,在企业行业专家对统计与会计专业所涵盖的岗位群进行任务与职业能力分析的基础上,遵循工作过程系统化的课程开发思路,根据统计员岗位涉及的信息搜集与整理及对数据的统计分析,合理设计教学单元,从实际案例入手,采用以任务驱动的项目教学法。通过工作任务整合相关知识和能力,融"教、学、做"为一体,注重对学生职业能力、职业技能和职业道德的训练和培养,提升学生的岗位适应能力。

"Excel 在统计中的应用"课程的作用是使学生掌握统计信息化的基础知识和基本技能,掌握通用统计软件主要功能模块的操作方法和技巧,学会运用计算机来整理和分析数据,具备实际工作所需的统计电算能力,培养能服务地方经济建设的高素质技术技能型人才。

"Excel 在统计中的应用"课程前导课程有"统计学基础""计算机应用""市场调查与分析"等。学生已经具备基本的 Windows 操作、文字处理、排版等基本技能,已掌握统计学基础知识及 Excel 的基本操作。"Excel 在统计中的应用"课程通过结合统计工作中的案例,把 Excel 技能知识融入案例解决方法中,为统计与会计核算专业学生毕业后走上专业工作岗位熟练地运用 Excel 完成工作任务打下了良好的基础,同时充分体现 Excel 在统计工作中的重要性。"Excel 在统计中的应用"课程的后续课程包括"统计电算化""统计预测与决策"等。

(二)课程核心素养与课程目标

1. 课程核心素养

"Excel 在统计中的应用"课程将统计与会计核算专业人才培养目标贯穿于课程中,以统计信息化能力培养为核心,指导学生完成数据收集、数据整理、数据分析,并将实践性、开放性、职业性融于课程教学中,提高学生的统计电算化职业技能。"Excel 在统计中的应用"课程核心素养主要包括良好的职业道德、统计专业技术能力和计算机操作能力、终身学习能力三个方面。

(1)培养学生良好的职业道德。在日常教学中,可以潜移默化地提升学生的统计职业道德。借助教育教学改革的大潮,提升学生的职业道德品质,在教学中不断进行渗透。

(2)培养学生统计专业技术和计算机操作能力。统计与会计核算专业的学生应具备优秀的计算机操作能力。例如在精通统计业务的基础上能够借助计算机来进行数据收集、数据整理、数据分析。在实训操作、仿真实践以及岗位实践中提高职业核心素养中的专业技术能力和计算机操作能力。在学生计算机操作能力的培养中,要不断适应社会发展形势,优化大数据背景下统计与会计核算专业知识的教学内容,提升计算机操作知识的比重。

(3)学生终身学习能力的培养。学习能力是互联网背景下统计与会计核算专业学生的重要素养。教师教学中要有意帮助学生培养危机意识,激发学生主动学习的能动性和探究能力,树立终身学习的理念。

2. 课程目标

(1)总体目标:"Excel 在统计中的应用"课程的要通过本课程的学习,让学生充分认识到 Excel 在统计工作中的重要性,培养学生在统计工作中运用统计工具提高工作效率的良好习惯,为学生走上工作岗位后运用 Excel 进行数据整理和分析打下良好的基础。

本课程的基本要求是:该课程具有很强的实践操作性,教学过程主要采用案例教学、任务驱动教学方法,引导学生自主学习,提高学生操作的熟练程度及知识点的掌握程度。课程考核包括平时过程考核、期末操作技能考核两部分;主要教学场所为机房;任课教师应具有扎实的统计学理论知识和丰富的应用 Excel 软件实现统计分析的实践经验。

(2)具体目标:根据高职统计与会计核算专业人才培养方案及教学计划的要求,本课程应该达到以下教学目标。

①素质要求:具有保持持续学习、不断更新专业知识的意识;具有严格执行统计相关法律法规的工作态度和良好的职业道德;初步具有统计信息化的观念和思维方式;具有团队协作精神。

②知识要求:了解统计软件的发展趋势,熟悉统计软件的操作方法;熟悉我国财政部门对单位使用的统计软件、统计档案保管等统计信息化工作做出的具体规范;掌握 Excel 软件中进行数据分析的各主要功能模块的操作要求;了解统计信息化的相关法律法规和管理制度;了解描述性统计分析的基础知识;了解 Excel 中的统计相关函数;了解参数估计的基础知识;了解假设检验的基础知识;了解方差分析的基础知识;了解统计指数的基础知识;了解相关分析的基础知识;了解回归分析的基础知识;通过上机操作演示各数据分析模块的操作方法。

③能力要求:能利用 Excel 中的函数、数据处理等功能对数据进行整理;能利用 Excel 对给定数据进行综合指数和平均指数的计算;能利用 Excel 中统计描述的方法,对给定的数据绘制统计图;能使用 Excel 完成参数估计,能对总体均值进行区间估计、计算必要抽样容量;能使用 Excel 进行假设检验,进行正态总体的均值检验、方差检验;能利用 Excel 方差分析工具进行单因素方差分析、无重复双因素方差分析及可重复双因素方差分析;能使用 Excel 相关分析工具进行相关分析;能使用 Excel 相关分析工具进行回归分析。

(三)课程结构

根据"Excel 在统计中的应用"课程目标,确定课程结构与学时安排。

1. 课程模块

教学内容包括 Excel 的数据处理功能、统计数据的采集和整理、统计数据描述、概率分布与抽样分布、参数估计、假设检验、方差分析、回归分析等内容。通过本课程的学习,使学生具备本专业技术技能型人才所必需的统计信息化基本知识、基本技能和职业素养,从而为学生就业和从业后的发展奠定基础。

2. 学时安排

"Excel 在统计中的应用"课程的教学学时安排如表 6-1 所示。

表 6-1　教学学时分配表

序号	工作任务模块	理论学时	实践学时	合计
1	Excel 数据与数据整理	6	6	12
2	常用统计指数	2	2	4
3	描述统计	4	4	8
4	参数估计	6	6	12
5	假设检验	4	4	8
6	方差分析	4	4	8
7	相关分析	2	2	4
8	回归分析	2	4	6
9	机动	2	0	2
10	合计	32	32	64

（四）课程内容

"Excel 在统计中的应用"课程建议使用 Office2010 及以上版本进行教学，本课程与企业对统计实务专业学生 Excel 应用的基本能力要求紧密结合，从各工作岗位的工作任务提炼案例，通过案例的学习，培养学生的 Excel 应用基本能力。

（五）学业质量

"Excel 在统计中的应用"课程要求学生初步具有统计信息化的观念和思维方式，具有内部控制意识；具有团队协作精神；具备严谨、细致、认真、耐心的职业素养；具备逻辑与数据思维、应变能力；掌握统计基本知识和典型统计软件操作要求；具备信息化统计核算岗位的基本能力；能运用统计软件完成数据收集、整理与分析。

（六）课程实施

1. 教学要求

遵循"以学生为主体、教师为主导"的教学理念，采用任务驱动、角色扮演法开展教学，注重学生实践操作能力的培养；切实加强课程思政，培养学生良好的职业素养。以培养学生统计电算化应用能力为目标，设置基本技能训练、专项技能训练和综合技术应用能力训练，形成"Excel 在统计中的应用"课程实践教育教学的框架。理论教学以"够用"为原则，强调理论对实践的指导作用。任课教师应具有扎实的统计信息系统操作技能。

（1）突出以能力为本位的教学思想。在讲授理论知识的同时，强化"Excel 在统计中的应用"实践性教学环节，不断提高学生的实践能力和创新能力。

（2）坚持仿真式教学。实现仿真训练，"Excel 在统计中的应用"应选用工作场景中的典型案例进行教学，实现课堂学习与实际应用的零距离对接。

（3）充分发挥教师的主导性作用和学生的主体性作用。"Excel 在统计中的应用"教学过程中应注重"教"与"学"间的平等交流，构建教学相长、相得益彰的教学模式与氛围。

（4）提高教学或考试案例中的"容错"技巧。通用软件将大多数开发精力投入在操作警示与错误纠正功能中，如果按照完全正确的路径运行一个软件，那么操作者所接触的软件的内在功能将是非常有限的。因此，"Excel 在统计中的应用"课程教学中允许出错与纠错，具体做法是：一是让部分基础好、速度快的学生提前对后续课堂内容做探索性操作，允许出错并在后续讲解时有目的地列举其所犯的典型错误，传授纠正错误的方法，探讨避免出错的技巧；二是在模拟资料中植入一些非原则性的错误，让学生在操作实践中通过软件反应或异常结果发现错误，并更正错误。犯错与纠错的过程可以全面提升学生对通用软件的驾驭能力。

2. 教师团队建设

（1）课程负责人：课程负责人应该熟悉统计学的理论知识和基本业务流程，具有中级职称（或中级职业资格）的"双师"素质教师，具有较高的 Excel 及相关软件的操作能力，懂得高职教育规律，具有丰富实践经验，教学能力强，在统计及相关领域有一定影响。

（2）主讲教师：具备爱国守法、爱岗敬业、关爱学生、教书育人、锐意进取的职业道德；具备较强的沟通能力和精益求精的工作态度；具备先进的教学理念和较强的课堂驾驭能力；具备教育科学理论修养、过硬的统计学专业知识、丰富的统计学相关工作经验;具备充沛的精力和良好的人际关系,身心素质合格。

(3)教师专业背景与能力要求:"Excel 在统计中的应月"课程的主讲教师须为具有本科及以上学历的双师型素质教师,在承担本课程教学的同时还能承担本课程的建设与改革。"Excel 在统计中的应用"课程的兼职教师须具有中级及以上技术职称,且在统计信息管理方面具有较强的实践能力。

3. 课程考核评价

(1)课程考核成绩构成。课程考核由平时成绩、期末操作技能测试组成。"Excel 在统计中的应用"课程是一门实践性很强的专业核心课,该课程须采取灵活多样的考试制度和考核方法,如采取理论教学和实践教学相结合、理论考试和实践技能考核相结合的方式。

具体来说,"Excel 在统计中的应用"课程为考试课,考试形式为上机考试。课程考试包括平时过程考核和期末技能考试两部分,即平时成绩(占总成绩 30%)+期末操作技能测试(占总成绩 70%)。

①平时成绩占 30 分。平时成绩主要从学生上课纪律及考勤情况、学习态度及参加讨论、回答问题、作业、平时测验、训练活动等方面进行考核。

②期末操作技能测试成绩占 70 分。具体的考核方案如表 6-2 所示。

表 6-2　课程考核方案

序号	考核内容	考核标准	考核方式	分值比例
1	平时成绩	1. 迟到、早退一次扣分 0.5 分,旷课一次扣 1 分 2. 课堂与课外的学习积极性由教师酌情加分	考勤、课堂点名答问、课堂情况实时记录	30%
2	期末操作技能测试	Excel 数据整理、常用统计指数、描述统计、参数估计、假设检验、单因素方差分析、相关分析、回归分析	闭卷上机考试	70%

（2）课程考核内容。课程的具体考核内容如下。①使用 Excel 的函数、数据处理等功能对数据进行整理；②使用 Excel 对给定数据进行综合指数和平均指数的计算；③使用 Excel 进行描述性统计分析；④使用 Excel 完成参数估计，能对总体均值进行区间估计、计算必要抽样容量；⑤使用 Excel 进行假设检验，进行正态总体的均值检验、方差检验；⑥使用 Excel 方差分析工具进行单因素方差分析、无重复双因素方差分析及可重复双因素方差分析；⑦使用 Excel 相关分析工具进行相关分析；⑧使用 Excel 相关分析工具进行回归分析。

（3）考核方案。

①考核要求：a. 技能要求。能使用统计软件进行数据采集、数据整理、描述性分析、概率分布与抽样分布、参数估计、假设检验、方差分析、回归分析等。b. 操作规范及职业素养要求。符合企业统计工作的基本素质要求（认真、细致、客观、整洁、谨慎、耐心）。事前做好准备工作，按要求正确使用计算机和统计软件，每次上机及考核时都能保持工作台面清洁、及时清扫废弃杂物等。

②考核标准："Excel 在统计中的应用"是一门实践性很强的专业课，采用实践重于理论的考核方法，以上机操作为主，充分采用现代化教学手段，培养学生的实践动手能力。采用 Office2010 及以上版本的计算机进行上机实践技能考核，考核评价分为认知水平考核和运用能力考核。认知水平分为"了解"和"理解"等层次，运用能力主要指使用统计软件进行数据收集、整理与分析的能力。

③考核实施条件："Excel 在统计中的应用"课程的考核实施条件如表 6-3 所示。

表 6-3　课程考核实施条件一览表

项目	名称	数量	单位
场地	统计电算化机房	1	间
设备	服务器	1	台
	客户端	60	台
	安装好 Office2010 及以上版本	1	套
工具	草稿纸	若干	张

4. 教学设备设施配备要求

"Excel 在统计中的应用"课程的场地主要是统计电算化实训室,也可在教室结合教学内容进行。实训场地或教室要具备一般的教学功能,布置有投影、展示板等,以便进行展示与讲解。

需准备下列实训设施:多媒体教学设备,主要包括指导教师用计算机 1 台、液晶投影仪 1 台、服务器 1 台、学生机 60 台、局域网架构、交换机 4 台、千兆或百兆网速;主要的软件包括 Office2010 及以上版本,多媒体教学软件 1 套,杀毒软件 1 套。

5. 教材及参考资料要求

(1)教材选取原则:"Excel 在统计中的应用"须采用以工作过程或工作任务为导向的项目化教学,教材必须根据本课程标准选用。教材是体现教学改革思路和教学实践成果的最好平台,所选教材要具有实用性,活动设计具有可操作性,能使学生在各种活动中学会实际操作,并以完成任务的典型活动项目为驱动.将本专业领域的新要求、新知识、新方法及时纳入其中。建议选择以岗位能力培养为核心,以统计电算化工作岗位流程组织教学与实训,以理论与实践结合为主要手段的相关教材。

(2)参考资料的选择:参考资料的选择应当符合学生的认知规律和人才培养要求。参考资料的内容在注重统计电算化实际操作技能训练的同时,还应融入现有企业常月统计电算化软件的应用和案例。参考资料在形式上应适合高职学生的认知特点,文字表述要深入浅出、简明扼要,内容展现应图文并茂、突出重点。同时,应当将学生活动作为日常教学内容的重要组成部分,引导学生积极参与活动,促进学生在知识、技能、素质等方面的全面发展。

(3)推荐教材:《Excel 在统计分析中的应用》,陈斌、高彦梅主编,清华大学出版社;《Excel 在统计分析中的应用》,商熠农主编,机械工业出版社。

(4)其他资源:统计电算化机房、统计软件、教学课件、教学挂图、教学视频、来自企业行业的制度与管理规范。

第四节 大数据在高职学生在线学习中的应用

随着大数据和互联网技术的不断进步,传统教育已经越来越多地与大数据技术相融合,学习过程从线下转移到线上已成为一种常态,在线教学也已成为改革传统的教与学形态、推动课堂革命和实现高等教育变轨超车的重要力量。大数据背景下,如何改善在线学习效果、提高在线学习力、提升在线学习体验,越来越受到各教育研究领域专家学者的关注,逐渐成为教育领域的研究重点和研究热点。

一、高职学生在线学习研究背景

(一)在线学习已成为高职教育领域的重点话题

随着大数据技术的发展,各行各业已逐渐进入"互联网＋"模式。大数据正深刻影响着社会生产与人们生活的方式,教育行业也不外乎如是。

2010 年 5 月 5 日发布的《国家中长期教育改革和发展规划纲要(2010—2020 年)》强调将教育信息化纳入国家信息化发展整体战略,通过教育信息网络加快教育信息化的进程。2015 年 3 月 5 日,国务院总理李克强在《政府工作报告》中首次提出制定"互联网＋"行动计划,这为后续"互联网＋教育"的发展提供了政策指引。党的十九大强调要把教育事业放在优先位置,深化教育改革,加快教育现代化,办好"网络教育",办好人民满意的教育。2018 年 9 月 10 日,习近平总书记在全国教育工作大会上指出,信息化教育已经成为改革传统的教与学形态、推动课堂革命和实现高等教育变轨超车的重要力量。在这些政策的指引下,传统教育已经越来越多地与大数据技术相融合,在线学习方式也越来越受到各教育研究领域专家学者的关注,逐渐成为教育领域的研究重点和研究热点。2020 年 2 月 4 日,教育部发布的《关于在疫情防控期间做好普通高等学校在线教学组织与管理工作的指导意见》指出,疫情防控期间各高校要充分利用已上线的慕课和省、校两级优质在线课程教学资源,大力开展在线教学,实现"停课不停教、停课不停学",保障在线学习的教学进度和教学质量。

在线学习不受时空限制,学生通过在线学习能聆听一流教师的授课,快速获取所需知识,提高专业技能。在线学习作为一种新的学习方式,正在深刻地改变着我国高职院校的教学模式和管理方式,是当代学习的发展趋势,越来越受到研究者和一线教育者的关注和青睐。随着大数据和互联网技术的不断进步,学习过程从线下转移到线上已逐渐成为一种常态,有关在线学习的研究也已经是高职教育领域不可回避的重要问题。

(二)在线学习已成为高职学生获取知识的重要途径

随着大数据与互联网技术的飞速发展,在线学习方式兴起,并有着前所未有的发展势头。网络教学资源呈几何倍速增长,学生获得知识的途径不再仅限于课堂面授,知识获取的渠道呈现出网络化和多元化特征。在线学习具有不受时间和地域等因素限制、拥有丰富的学习资源、信息量大、覆盖面广等特点,能快速整合优质教育资源,让学习者学习各种国内外优质课程。显然,在线学习已成为高职学生获取知识的重要途径。

目前,在线学习形式主要有实时在线学习和异步在线教学两种。实时在线学习方式是学生通过实时视频会议系统开展在线学习,师生可以进行实时交互。异步在线教学方式是教师在开课前将课件、视频、习题等学习资料发布在网上,学生可以自行安排学习时间开展自主学习。在线学习平台方面,国内各大在线学习平台迅速发展,如超星学习通、智慧树、网易云课堂、钉钉、腾讯会议、中国大学 MOOC、智慧职教、QQ 课堂、学堂在线等。其中,智慧职教是面向高职教育的在线教学服务平台和数字教学资源共享平台,是国家"职业教育专业教学资源库"项目建设成果面向全社会共享的指定平台,开放汇聚和运营省级、校级以及企业资源库的建设成果,为高职教育教师、学生、企业员工和社会学习者提供优质数字资源和在线应用服务。智慧职教平台针对财经商贸、电子信息、交通运输、旅游、土木建筑、农林牧渔、医药卫生等 19 个专业大类分别提供了优质丰富的教育资源。

二、大数据背景下高职学生在线学习情况改善对策

（一）教师和学校层面

第一，因地制宜选择在线教学方案，重视学习任务的设计。教师应分析不同专业、不同年级、不同班级学生的学习特点，从而选择合适的个性化的在线教学方案。根据学生的学习特点和课程需要，设计符合现实需要且能激发学生兴趣的学习任务。在学习任务设置过程中，应注重学习任务类型的多样性，不能拘泥于视频与文字材料，要多设置一些带有时间节点的学习任务，以督促学生开展在线学习，同时及时检验学生的在线学习效果。

第二，增强师生交互水平和社会临场感。教师在传授知识的同时，应做好学生学习社群的运营，通过课前开课仪式、发布学习任务，课中提供举手、提问、连麦、反馈等多种互动功能，课后与学生多方式沟通交流等方式，活跃学生学习社群的学习气氛，增强师生交互水平，提高学生的社会临场感。教师可以指定一名学习能力和组织能力较强的学生作为在线课堂助手，负责管理在线班级的纪律，整理学生的问题，老师在恰当的时期集中为学生解答疑惑，以增强学生在线学习的社会临场感。

第三，更新管理观念做好服务支持。在线教学从时间、空间、学校层级结构上打破了传统教学的固有模式：在线教学不一定以班级为单位，可以以年级为单位；教师可能不再"单打独斗"，而是以团队合作的形式给学生们呈现更多精彩内容；教师和学生都拥有了比传统教学更大的自主权；教师可能不再单独备课，而是集体协同备课；等等。这些都需要教师和教育管理者更新管理理念，做好学生在线学习的服务支持工作，为学生提供充分的资源、工具、培训、政策、指导等方面的支持。为了更好地做好学生在线学习的服务工作，高职院校需要组建一支由教研、管理、技术支持等专业人士构成的团队，驱动教师完成自组织、自管理。

（二）学生层面

第一，在线学习过程中明确学习目标。相对于本科学生来说，高职学生学习基础较差，学习自控力较弱，这需要高职学生在在线学习过程中明确学习目标，端正在线学习态度，专注于在线学习任务，克服在线学习中的各种困难，提高在线学习的身心投入度，从而提高在线学习效果。

第二，及时、积极地开展在线学习活动。高职学生要及时完成老师布置的课前、课中、课后在线学习任务，保质保量地完成视频、讨论等任务点，主动地搜索相关课程资源进行自主学习，积极与老师、同学开展探讨与交流，以提高在线学习的质量。

（三）社会层面

第一，加强基础设施建设。经济欠发达地区的基础设施建设比较落后，计算机硬件和信号传输设备的建设水平较低，这对学生的在线学习造成了较大影响。国家应大力扶持经济欠发达地区的网络设施建设，在改善网络设备上加大资金投入，尽力提供技术、设备、资金和人员支持。

第二，改善线上学习平台性能。当下学生开展在线学习的平台种类较多，且各平台都存在一定的缺陷，譬如平台稳定性较差、互动功能较少等。高质量、功能完善的电脑软件和手机 APP 是开展优质线上教育的保障，应当不断提高各线上教学平台的性能和功能，同时在满足教学需要的基础上适当减少学生所使用的平台数量。

三、大数据背景下高职学生在线学习力改善策略

教学质量是高职院校的生命线，高质量的在线学习能维持高职院校的可持续发展。大数据背景下，教育行业发生了巨大变化，慕课、微课、翻转课堂等各种形式的在线学习方式开始出现，在线学习已成为高职学生日常学习中的一部分。这在给高职院校的日常教育教学及教学改革带来机遇的同时，也让高职院校面临着严峻的挑战。面对纷繁复杂的网络世界，如何提高高职学生的在线学习力，继而改善在线学习效果，是高职院校亟须解决的重大问题。

（一）构建教师在线学习力

大数据背景下，慕课、微课、翻转课堂等数字化教学方式不断涌现，各种在线学习方法已逐渐渗入传统教学中，在线学习已成为学生们获得知识的重要途径之一，在线学习力成为教师完成在线教学、学生完成在线学习的重要能力之一，在线学习力的提升对提高在线学习质量起着至关重要的作用。

想要提升学生的在线学习力，首先要确保教师具有较强的在线学习力，坚持不断自我学习、自我提升的教师能在无形中感染、影响学生，引

导学生积极开展学习活动。高职教师在传统课堂教学之余,要不断学习各种新型信息技术手段,学习拍摄、制作微课视频,重塑知识结构,思考在线学习的评价方式,以提升自身的在线学习力。

一是在线教学前,高职教师要不断学习新知识、新技能,更新教育观念,提高"双师"技能,掌握在线教学所需技能,提前熟悉各教学平台的使用方法,做好处理卡顿、掉线等突发情况的准备工作,了解所带学生的学习特点,做好在线教学的备课工作,在线课程框架设置合理、资源丰富,确保学习任务贴近生活、贴近实际、贴近学生。

二是在线教学中,高职教师要选择适合的在线教学方式,充分信任、尊重和关爱学生,激发学生的求知欲,善于捕捉学生的闪光点,发挥教师自身个性与特色,做到在线教学生动、幽默、有吸引力,增加与学生的互动,挖掘学生的学习潜力,对在线学习表现较好的学生及时给予评价和鼓励,通过互动、提问、连麦等方法保持在线学习的现场感和观众感。一般来说,高职学生的文化基础不扎实、自控能力不强、学习目标不够明确、学习自信心不足。进入高职院校后,学生们又站在新的同一起跑线上,此时,教师应在在线教学过程中帮助高职学生树立学习信心,明确学习目标,端正学习态度。

三是在线教学结束后,高职教师应做好学生网络社群的维护工作,及时为学生答疑解惑,总结在线教学的优缺点,分析在线教学的改善方法,提升教育新时代的教育教学能力。

(二)优化在线学习环境

良好的在线学习环境是提升学生在线学习力的有力保障。在线学习环境包括校园文化和网络虚拟学习环境。

1. 建设校园文化环境

校园文化是一个无声的课堂,是一种无形的精神力量,能使校园中的每一分子教有其所、学有其所、乐有其所,在求知、求美、求乐中受到潜移默化的启迪和教育。校园文化是学校发展的灵魂,是凝聚人心,展示学校风采,提高学校文明素养的重要体现,它对学生的人生观、价值观及日常学习产生着潜移默化的深远影响。校园文化建设对学生产生着潜移默化的影响,日常生活中看似很小的践行方法,但是和大是大非、行为抉择一样,也会体现出自身的价值观念及道德准则。因此,教师作为传授者,对于学生的思想道德与文化教育,绝不能停留在书本文字上,而是要言传身教、结合实际,从小事做起、管好小节,让学生热爱学校的一草一木,让学生了解学校的课程文化、管理文化与活动文化。教师还应积极提升自身对环境育人重要性的认识,做好专业文化建设和班级文化建设,从物质环境、精神环境、文化环境、课程环境等方面开展校园文化建设。与此同时,为了充分发挥校园文化的育人氛围,推动校园文化建设向纵深发展,高职院校应在不断提升校园硬件设施的同时,不断提升校园软环境建设,将校园文化与教学课程相结合,营造一个知学、好学、善学、笃学的和谐校园。

2. 营造良好的网络虚拟学习环境

信息技术高速发展的背景下,优化在线学习环境,除了做好校园文化建设,还应做好网络虚拟学习环境建设。

第一,优化校园网络建设。通过全面覆盖的校园网络、现代化的技术设备和多媒体教学手段,促进教师的在线教学与学生的在线学习,增强学生的学习兴趣和理解水平,提高在线教学质量。通过校园网络可以统一管理教学资源,如学生档案、教学资料、考试成绩等,还能提升教师在线教学和学校教务部门教学管理工作的效率。

第二,净化网络学习环境。随着智能手机的普及和校园 Wi-Fi 的全覆盖,不少学生逐渐沉迷于手机游戏、看短视频、追剧等活动中,给学生的学习及健康成长带来了一定的危害。学校应净化校园网络环境,引导学生科学运用网络资源,鼓励学生多使用网络资源开展学习、实践等活动。学校和教师可以通过讲座形式,向学生们介绍移动图书馆及智慧职教、学习通、国家精品课程资源网、学堂在线等在线教育平台的使用方法,提高学生获取信息、开展在线学习的能力。

第三,做好在线学习的社群建设。授课教师应在教育教学平台及微信、QQ、微博等 APP 上做好班级的在线学习社群建设,及时与学生开展在线交流与互动,解答学生的学习疑惑,督促学生按时完成在线学习的任务点,建立学生的学习自信心,提升学生的在线学习力。

(三)建立在线学习电子档案

虽然高校给每名学生都建立了档案,但尚缺少针对学生在线学习的动态档案。大数据背景下,高职院校可以借助大数据技术开发高职学生学习力电子档案管理系统,搜集、挖掘学生的在线学习数据,为每位学生建立学习力电子档案,由辅导员统一管理。

学生在线学习电子档案主要包括三部分:第一部分是学生的基本信息,如入学时的信息、每学期成绩单等;第二部分是学生的动态学习信息,如在线学习平台的登录时长、登录次数、视频观看时长、讨论次数、任务点完成百分比、作业完成度、作业正确率、考试分数、成绩排名等;第三部分是学生的拓展信息,如参与社会实践、学生社团、顶岗实习、发明创造、参与竞赛、职业技能证书、获奖证书等信息。

通过学生的在线学习电子档案,全方位追踪学生的在线学习状况,了解学生的学习习惯、学习时长、学习模式,分析学生的学习特点、学习难点,及时发现出现学习困难甚至试图放弃在线学习的学生,以及可能出现心理问题的"高危学生",真正做到根据不同学生的特点制订个性化的在线学习方案。具体来说,对于在线学习出现困难的学生,应当传授一些在线学习策略,降低在线学习要求,提升在线学习信心;对于"高危学生",除辅导员和专业教师安排好在线学习节奏外,应当派专业的心理咨询师进行指导;对于在线学习效果较好的学生,应当提高在线学习要求,引导其进行深度学习,挖掘这部分学生的潜力。在线学习档案还可以让学生看到自己的学习发展轨迹,掌握自己的学习动态以及发展情况,从而学会自我管理、自我教育。此外,学生的在线学习档案还可以帮助教育部门深入了解学生的学习特点、学习兴趣与学习偏好,据此制定教育政策和开展教育教学改革。

（四）加强团队协作学习

在线学习过程中,采取大班教学,实行团队协作学习,可以提高学生的思考能力、解决问题的能力和创新能力,能引导学生主动学习,加快学生获取信息的速度,还能为学生提供更多的学习机会和学习空间,从而提升在线学习力。团队协作学习首先应分组,小组人数以5人左右为佳,根据在线学习档案提供的信息数据,按照"组内异质、组间同质"方式划分小组,使得组内成员的思维习惯、认知结构、认知水平和学习能力等方面有所不同,而不同小组的学习成绩、综合能力、认知结构在整体上应该旗鼓相当,以便实施公平竞争,挖掘学生的学习潜力,激发学生的学习兴趣。一般来说,小组的划分在班级内完成,如果遇到一些特殊的学习任务,也可以跨班级,甚至跨年级、跨专业、跨系部、跨学校组建学习小组。组建好小组后,要根据综合能力、学习成绩、责任意识、沟通能力、奉献意识等条件综合选择小组负责人。小组负责人要负责好小组内部的工作分配和团队协作,激发小组整体的核心力量,发挥小组成员的个人特色,使团队智慧最大化。除了日常学习外,小组还可以根据本身特点参与各类比赛,如全国"挑战杯"大学生创新创业竞赛、黄炎培创业大赛、各类职业技能竞赛等,通过这些比赛增强动手操作能力,提高团队协作能力,发挥个体主动性和积极性,学会谦让、包容和尊重他人,学习与他人共享资源、合作分工、沟通交流,增强分析问题和解决问题的能力,增强学习兴趣和学习自信心,激发挑战能力,爆发创造力,以提高社会竞争力。

第七章 "人工智能＋5G"与高职教育

第一节 "人工智能＋5G"赋能教育变革

根据《中国教育现代化 2035》的总体目标,以及国务院《新一代人工智能发展规划》和教育部《教育信息化 2.0 行动计划》的要求,全国各地普遍重视智慧学校建设。把"人工智能＋5G"赋能教育教学和教育治理,利用 5G 具有的大带宽、高传输速率、高可靠性、低时延等优势以及 5G 的分布式核心网络和网络切片技术,可以极大地扩展人工智能的应用场景,促进人工智能在解决传道授业、素养提升、实践能力拓展、教育治理等方面的突出问题,使得教学范式得以重构,教育治理更加精准,从而真正实现数据驱动的以个性化学习和自主学习为核心的大规模因材施教。

人工智能赋能教育,主要体现在教学、考试、评价、管理、服务和家校互动等各个方面,甚至在校园疫情防控方面发挥重要作用。例如,通过智能备课助手辅助教师备课教学,为教师减负增效;通过课堂上学生学习行为的数据分析,实现因材施教;通过人机对话的形式进行语言类学科的考试测评,减少了人的主观因素的影响,使得测评结果公平公正;通过采用数字画像的方式对学生进行德智体美劳全方位的综合评价;通过智慧校园大数据的采集分析,为教育管理提供科学的决策支持。未来,人工智能在教育教学和教育治理中会发挥"穿针引线"的作用,打造学生、教师、家长和学校多方共同参与的学习共同体,实现有内涵的、有情感的、有温度的真正意义上的家校共育。

5G 是万物互联的基石,5G 使得人工智能无处不在,边缘计算等 5G 技术可以大力推动人工智能的落地部署,5G 基础上的人工智能,深刻改变了人类的生产活动和生活方式。另外,人工智能赋能 5G,会进一步优化 5G 网络技术,助推万物互联,加速 5G 应用落地。人工智能和 5G 作为当今社会最重要的生产力,二者相辅相成、双轮驱动、相互促进。云、网、端的深度融合,使得人工智能可以更快更好地融入万物互联的世界。

在各地区、各学校教育信息化建设过程中,需要大量的算力和存储资源,当接入数据中心的用户量剧增时,由于受到带宽和服务器资源的限制,中心化的机房就会难以承受压力,导致部署在中心机房的信息化系统宕机。例如,新冠疫情期间全国各地普遍开展的"空中课堂"在线教育,由于上线人数众多,首日就出现了大面积系统崩溃的现象。通过5G技术可以很容易解决此类问题,在靠近数据源头或物理设备的网络边缘侧,通过边缘计算可以就近提供边缘服务。由于边缘计算融合了网络、存储和超强算力,能够满足快速连接、数据快速存取、智能优化等要求,同时能够提升网络安全与隐私保护能力。

5G使得人工智能应用的整体性能显著增强。基于人工智能和5G网络,可以对校园网进行智能升级,整体推进数字校园基础设施建设,推进校园物联网建设,实现无感知、高安全、守伦理的各类校园数据采集,实现数据驱动的精准教学和精准教育治理。

在5G时代,教育格局、教书育人的愿景以及学习范式都将发生质的改变,学校将打破原来的封闭格局,进一步走向开放多元,学生将会逐步摆脱传统的被动式学习,学习的目的不再是为了纯粹地获取知识,而是为了全面发展和实现自身价值,学校将逐步迈进教育4.0时代,迈进教育数字化时代。

"人工智能＋5G"赋能教育将会加快推进教育数字化转型、加快推进教育现代化的步伐,为各个不同阶段的教育带来全新的育人理念。教育不再是简单的知识传授,而是更加注重素养,特别是中小学生的数字化素养提升会进一步凸显。教育的数字化会把从学前教育到高等教育等各个阶段的教育串接起来,形成真正意义上的终身教育体系。

"人工智能＋5G"在教育领域系统化的应用包括"人工智能＋5G"变革教育教学形态、"人工智能＋5G"创新教育资源建设、"人工智能＋5G"数字化学生、"人工智能＋5G"数字化校园、"人工智能＋5G"教育应用问题思考、"人工智能＋5G"教育应用未来展望等几个方面,以基于5G的智慧学校数据中台(教育数据大脑)为核心,打通各应用场景和网络学习空间,实现数据共享、互联互通和智慧治理。现从以下几个方面着手探讨

"人工智能＋5G"对教育变革的影响。

（一）"人工智能＋5G"变革教育教学形态

例如,基于上海大规模智慧学习系统（网络学习空间）的线上线下融合式教学:包括优质资源的推送机制、线上线下深度融合的教学机制等。数据驱动的因材施教:在5G时代,在大数据的支撑下,以学校为中心、以课堂讲授为主的学习方式将会彻底扭转,学习时空会发生巨大变化,教育将会进入到以学习者为中心、以核心素养提升为目标的新的发展阶段。基于知识图谱的个性化学习:人工智能时代教师能否实现精准教学、学生能否得到专属于自己的个性化的学习资源,教育知识图谱是关键。5G＋知识图谱的价值在于随时都可以对学习者进行全方位的知识断点,随时可以生成学习过程数据多维度的分析报告,在精准掌握学生学情的基础上,实现因材施教。通过知识图谱可以记录教学过程数据,修正教学路线,在线推送个性化的学习资源,在线答疑与辅导等。5G远程互动教学:主讲教师高清实时直播,建立"一个入口,统一分发"的直播互动教学,高清、低时延、无卡顿的互动体验教学,实现优质教学资源的实时共享,课程画面进行云存储,以便课外进行点播等。

（二）"人工智能＋5G"创新教育资源建设

5G VR/AR教育资源建设:VR/AR教育资源为教育和教学带来了全新的体验,虚拟学习环境可同时动员人们的多感官输入,例如视觉、听觉和触觉,学习的自主性更加突出,学习方法和学习习惯也在逐渐改进,VR/AR教学资源的变化,以一种新的形式影响了课堂教学模式的转变。5G码课程:码课就是把微课传到网上生成二维码,老师或学生通过扫描二维码进行学习。码书码课克服了传统微课容量大、不利于传播的困难,码书码课在5G的支撑下,只需扫描二维码就可实时学习,使用方便快捷,不像之前要将视频全部下载下来才行。5G创新实验室:在5G网络技术和环境的支撑下,教育的核心业务也面临着转型和重构,传统实验室已经不能满足人工智能时代的教学需求,通过5G和虚拟现实技术可以构建适合科学实验和提升学生创新思维能力的全息AR/VR实验室,打造虚实结合的实验环境,衍生出灵活多样化的教学应用。"AI＋5G"教育智能助理:移动人工智能教育助理,可以辅助教师和家长提高育人能力,在领域知识的系统化、问题分析的综合化等方面辅助教师和家长进行智能决策,实现科学育人。

(三)"人工智能＋5G"数字化学生

学生综合素养提升:在5G时代,实时伴随式全方位采集各类学生数据成为现实,通过过程管理,建立学生数据仓库,对学生进行综合评价。对数据进行建模分析,针对学生能力差异定向提供个性化的课程推荐服务,补充能力差异,全面提升学生的综合素养。学生数字化管理(大数据分析与心理、健康预警等):基于5G技术,利用大数据提升学生的管理能力,打造科学规范的学生管理服务,保证大数据实时预测的可能性。例如基于5G技术,建立学生的生理心理健康模型,精准识别学生是否沉迷网游、是否存在抑郁等。

(四)"人工智能＋5G"数字化校园

5G智慧校园:学校智能运行管理是智慧学校日常管理运行的核心,基于5G技术,打造校园智能物联网,包括校园门禁、校园安全防控、智慧停车管理、食堂、图书馆、实时车辆信息、学生位置信息、室内空气质量监测等。利用大数据技术,实现对智慧校园内丰富的信息进行挖掘与价值创造,例如对各应用场景的数据进行数据汇聚、挖掘、可视化呈现等,协助学校进行决策,成为学校教育治理的核心。数字孪生校园的应用将进一步推进教育的深层次变革,打破虚实世界之间的界限,促进人的全面发展。

国内外分析表明,"人工智能＋5G"技术在教育行业的应用更多地处于理论研究和表象服务的应用,深入的教学学习相结合的智能化实践较少。本书的重点在于把"人工智能＋5G"技术与教育深度融合,实现"人工智能＋5G"技术的常态化教学和教育治理。包括:

(1)发挥5G大带宽、高传输速率、低时延以及万物互联的优势,把人工智能与5G紧密结合,在用户体验提升的同时支持更多的设备接入,实时多维度、全方位采集教育教学和校园生活中的各类数据,建立多维度的采集和分析模型,经数据中台汇聚并实时处理后可视化呈现,建立学校、教师和学生的实时数字画像。

(2)在5G时代,利用万物互联的优势,会采集到海量数据,5G时代的大数据,有着面广、量大、增长速度快的特点,这些海量数据将会推动人工智能向前快速演进,并且重建人类社会的新秩序,改变人类对世界的认知能力。教育大数据由于对安全和隐私保护要求非常高,从而加重了数据采集过程的复杂性,同时教育大数据由于存在着数据可观测维度低、质量要求高、处理难度大等问题,数据的深度挖掘更加困难。同时采集数据更加注重因果关系,数据和场景应用建模更加困难,本书将深入研究探索解决此类问题。

(3)教育行业有其特殊性,除了知识传播外,还涉及伦理问题,人工智能在于辅助提升教育教学,但不能直接取代情感老师。"人工智能+5G"的应用能够伴随式采集各种生活和学习数据,这些数据的应用可能会带来技术上的风险和伦理问题,例如如何保护学生和教师的隐私等,需要进行研究。

综上所述,"人工智能+5G"将彻底改变传统的教育教学和教育治理模式,以"人工智能+5G"为基础,构建云、网、端一体化的智慧学校,以上海大规模智慧学习系统为核心的线上线下混合式学习将逐步常态化,个性化的自主学习逐步成为主流,教育治理将从"精细化"向"精准化"转变。

在教育教学方面,基于"人工智能+5G",可以打造全新的混合现实教学体验,为师生提供互动化、个性化、沉浸式的教学环境。在教育治理方面,可以实现教育大数据的整合,盘活数据资产,发挥数据的关键价值,实现基于数据的决策,促进教育管理的科学高效。

第二节 基于5G的线上线下融合式教学

本节研究基于"人工智能+5G"的线上线下常态化融合式教学应用场景,包括资源库建设、优质资源的推送机制、网络学习空间的使用、线下教学与线上学习的深度融合机制等。

何克抗认为,混合式学习即为传统学习与网络在线学习的混合。有学者认为混合式学习不单单是线上、线下两种教学方式的简单混合,而是包含教学实践、空间、方式、评价四个方面的混合,换言之,混合式教学是一种基于现代信息技术,并将整个教学流程进行混合的教学模式。上海大规模智慧学习系统按照"普及应用、融合创新、示范推广"的原则,在上海市一网通办的整体规划框架下,分阶段开展网络学习空间建设和普及工作,集成"教、学、管、评"等工具,实现线下教学与网络学习空间整合,构建了支持全流程教学活动(课前、课中、课后)的教师空间和学生空间等。

一、线上线下融合式教学的动因

(一)教育信息化发展的必然趋势

2017 年 1 月,国务院发布的《国家教育事业发展"十三五"规划》明确提出推动"互联网＋教育"新业态发展,深入推进"网络学习空间人人通",形成线上线下有机结合的网络化泛在学习新模式。2018 年,教育部印发的《教育信息化 2.0 行动计划》要求推动实现网络学习向全面普及发展,推动实现"一人一空间",使网络学习空间真正成为广大师生利用信息技术开展教与学活动的主阵地。

(二)纯线上、线下教育的局限性

传统教育是在一定的行政区域内(县或区),由相对单一的教育机构在固定的时间和地点为确定的学习者提供教学服务,由于受到时空限制,优质教育资源难以进行大规模的推广与传播,这就客观上造成了地区与地区之间的教育失衡,传统的线下教育以封闭式、小规模的课堂教学为主,在我国人口规模增长的现在,带来了诸如教师资源缺乏、优质教育资源有限、缺乏大规模推广的能力等现实问题,为此,借由信息技术来为教育现代化、信息化注入新的活力成为了当前热门的可行性方案。

线上教育在发展、应用推广的过程中会产生一系列问题:一是线上教育资源的建设问题,如线上教育资源建设者的积极性不高,资源版权问题,教育资源的开放性和实用性较低等。二是线上教育对孩子成长带来的不利影响。开展线上教育需要借助现代信息设备,相关实证研究发现,家长对电子设备对孩子身体、视力、思维能力、书写能力、人际交往、注意力、上网习惯等造成的负面影响表示担忧。

(三)线上线下融合式教学的可行性

1. 技术条件

随着技术的更进一步,在新推出的 5G 技术的支持下,利用在线教育补足教育薄弱地区的教学成为了可能,不同地区的学生能够实时地与大城市的优秀教师面对面连线,获得更优质的教育资源。2019 年 12 月,一场别开生面的 5G 全息课堂在沪深两地实时上演,主讲者身处上海,但通过"5G＋全息技术",主讲老师同步出现在深圳的中学课堂,在教材中无法真实呈现的核爆炸、电子碰撞等现象以三维形态出现于大屏幕时,学生们深受震撼,燃起了对大自然的无限向往和探索大自然的热情。

2. 时代契机

2020 年加速了在线教育的发展,广泛的大规模线上教学,促进了师生的在线教学和在线学习习惯的养成,也激发了广大老师和学生对优质在线教育平台提高服务质量的期盼。教育均衡和多样化的要求及议程越来越迫切,课程结构、教学方法以及为学生和社区提供服务与支持的方式都引发了深刻变革。线上线下融合式的教学模式不会是"昙花一现",通过在教学实践中总结经验,线上线下融合式教学将成为教学改革目标之一,成为教学的日常形态。

(四)线上线下融合式教学的教育价值

在新形势下,如何充分发挥线上与线下教学相结合的优势,实现各种形式的互补教学,是当前的研究热点。多数专家非常认同混合式教学理念,与传统的课堂教学或单一的线上教学相比,在教学资源、课堂互动、数据采集等方面,混合式教学具有无比的优势。混合式教学多样性、融合性的特点弥补了单一教学方式的缺陷。

1. 之于学习者

混合的教育模式让学生能通过多种方式学习基础知识和基本技能,实现课堂教学效率的提升,多样态的教学资源能让学生积极融入学习过程中,激发自主探究意识。在多样化的课堂教学下,学生的认知得到显著提升。线上线下融合式教学需要有一个能提供常态化线上学习的核心平台,包括为不同阶段不同年龄层次学习者提供学习所需的资源超市,能够为师生提供优质资源的精准推送,为教师提供智能备课、辅助教学的智能助手,为各类学习者提供终身学习档案、数字画像和综合评价服务,并且实现人人用空间,一人一空间,为每个学习者提供个性化成长和终身发展的路径。

2. 之于教师发展

基于网络学习空间构建"名师工作室",以此共享优质资源活动。以学生自主学习为导向,以优质课程资源为纽带,以教师网络学习空间的建设为基础,打造各类名师展示空间,构建名师群体画像,提升特级教师、正高级教师等优质师资资源在网络世界的影响力,以此推动各地优质课程资源在本地区乃至全国范围内的深度共享与应用,引领教与学变革,使所有不同阶段的学生都能享有优质、公平的教育。

3. 之于教育公平

为发展优质、均衡的教育,借助技术手段扩大优质教育资源覆盖面,减少校际、区域之间的差距,大力促进教育公平。我国自 2003 年以来开展了远程教育工程,利用多重手段,输送大量城市优质教学资源进入中西部偏远地区。

二、线上线下融合式教学的融合类型

(一)线下班级授课环境＋线上学习工具

在传统班级授课制的物理环境中,教师和学生开展线下教学活动,在教学过程中借助网络、媒体、工具,随时获得线上学习资源与线上学习服务,以提高教学效率,强化教学效果,例如各类智慧课堂产品。

(二)线下授课＋多模态的线上教学资源

这是目前比较常见的线上线下融合教学模式的场景,尤其是上海市教委自 2020 年推出"空中课堂"之后,有相当数量的教师在课堂上引用"空中课堂"的视频教学资源作为课堂教学素材。这种情况尤其在教学水平较薄弱的区域或学校比较多见。

另外,通过 5G 网络、无线传感和扩展现实技术,在课堂中创设模拟真实世界的虚拟环境,让学生感觉到置身于现实环境,并将云端资源融入该环境,让师生在虚拟现实中开展情境化教学。

(三)校内班级＋线上学生共同学习

校内班级的学生亲临课堂,在教师的组织下开展线下学习,与教师进行线下教学互动,抑或通过智慧教学软件参与课堂互动,便于系统收集教学的过程性数据,为教师的教学行为提供依据。非在校生身处学校课堂的物理环境之外,借助网络、媒体、工具同步获得教师讲授的教学内容、分享的教学资源、发布的课堂测试等,开展线上学习,参与教学互动,并同样通过线上学习工具反馈学习过程与学习成果,所有学生享受零时差的学习服务。教师通过线上教学工具及时收集所有校内班级学生和非在校学生的学习数据以及学生提出的问题,并借助智慧教学软件对课堂测试的结果进行分析,然后教师根据分析结果对教学过程进行调控,调整教学内容和教学方法等。

(四)线上课程学习+线下教学活动

首先向所有学生发布线上学习要求,所有学生在规定时间范围内完成规定内容的线上课程学习,并完成相应的线上学习测试,根据测试结果体现出来的学习水平分为多个班级,由不同的老师分别组织这些班级进行线下教学活动,开展分层教学,实现因材施教。但是班级的组成不是一成不变的,应该是根据每个学生的学业水平、学习需求的变化而相应调整。

三、线上线下融合式教学的功能需求

将线上学习平台与线下电子教学系统(线下互动教学)相结合,并集成海量碎片化、构件化、工具化的优质教育资源,配合电子双板、平板电脑以及扩音系统、录播系统等设备,形成云端一体化的数字化课堂教学环境,全面支持课堂教学、在线学习、远程互动式教学及学习效果监测,支持构建安全、优质的数字化校园和在线学习社区,可满足学校、教师、学生、家长等多方面的需求。

(一)线下互动教学的功能需求

面向云端一体化发展趋势研发、针对学科特色、以"学生为中心"的课堂教学系统,突出教学内容的适切性以及教学手段和方法的现代化,强调教学设计以及课堂组织的作用,并满足教学个性化的需求。

1. 教学内容演示方面

(1)特色导图课中教学:以树形、发散型教学导图来组织教学资源,把主题关键词与资源、图像等建立起记忆链接,从而构建系统完整的知识框架体系,使整个教学过程和流程设计更加科学,加强师生对所教与所学内容的整体把握。

（2）教学内容双轨展示：根据双重编码理论以及现代教学理念，将板书与多媒体展示进行有效结合，通过信息化手段将教学内容以双画面的形式呈现，实现传统黑板与多媒体设备融合，双轨展示模式强调将课堂教学进行意义上的关联。

（3）智能化的自由板书：板书、演算、推理、标注等在现代课堂教学中依然是必不可少的环节，智能化的自由板书将传统黑板与电子白板灵活结合，实现"随处可写、随时可写"的目标，并且支持书写内容的保存和回放，实现推理、演绎过程的重现。

（4）多屏终端无缝支持：支持单屏、双屏、多屏教学，可实现屏幕的无限扩展及分割。在双屏界面上可以同时呈现不少于十个资源，且双屏能根据资源个数自动调整画面，避免资源跨屏幕显示的现象。

2. 辅助教学工具方面

上课时，教师借助辅助教学工具，将一些不够直观、较难理解的知识，以动态交互的方式进行相关知识点的展现，帮助学生轻松地获得直观的感受，深刻理解抽象知识。学生亦可利用该工具进行自主学习，加深对知识的理解，培养自己的实践能力和创新精神。

（二）线上教学平台的功能需求

线上教学平台指基于5G、边缘计算等技术，集教育资源和教学服务于一体，具有低时延、高可靠性的网络教学个性化服务平台，可以支持资源管理、备课、授课、作业与测试反馈、网络学案、互动讨论、个别辅导、教学统计、班级管理等常规教学环节。

对于区域性（省、地级市等）大规模线上教学平台，需要建设统一的区域大规模智慧学习系统，配套建设移动端APP。移动端在线学习面向各类学习者提供快速便捷的移动学习服务，包括移动端资源货架、精细化检索、智能化推荐、个性化订阅、在线选课、在线学习等个性化服务。在5G的环境下随时随地都可以进行线上学习，最终形成线上与线下学习的深度融合，例如通过5G平板电脑，可以直接连接5G网络进行学习。

1. 学习档案的管理与可视化

首先进行统一身份认证，教师和学生通过教育统一认证系统实现实名认证,实现统一账户管理。建设学生成长数据汇聚平台,通过该平台对接大规模智慧学习系统,根据一定的规则形成规范的学习者学习行为记录。围绕平台累积的各项数据,以及学习者个人学习行为记录,进行数据分析和可视化展示。

2. 大规模在线学习应用的激励机制设计服务

学习者在线学习的过程中,通常存在学习动机不足、学习持续性不高、学习结课率较低等问题。为了解决以上问题,需要研究和设计一套合理的在线学习激励机制,从激发学习者学习动机、学习成果的有效认定等角度设计相应的激励措施,设计区块链技术支持下的激励框架和技术实现路线,从学习过程激励、学习成果可信度、认证评估过程公开透明等维度分析激励措施,使学习者拥有个性化的、高可信度的学习经历记录以及电子成长轨迹档案,为学习者的综合评价、因材施教提供重要的参考。

3. 学习管理模型构建与应用

建立基于学习者模型、知识模型、教学策略模型三元融合的画像方法研究,建立基于学习过程的学习者学习特征和知识表示建模方法,根据学习进展,逐渐调整对学习者的判定,构建动态变化、适时调整的学习者模型和知识模型;构建基于学生、教师、教育资源、学习环境等不同类型实体形成的异质信息网络的教学策略模型,并分析学习者学习路径、学习曲线及学习者社交特征;构建基于深度神经网络的学习者动态精准画像,利用先进的深度学习技术,考虑学习过程,融合多通道异质信息,不断完善个性化教学策略模型,为学习者构建动态精准画像。

4. 学科自适应学习管理系统研究与应用

基于面向交互的推荐建模技术,结合学习者与学习资源交互过程中产生的学习数据、各类交互信息等,建立"资源"与"学习者"双向匹配的关联模型;构建针对不同教育场景的自适应推荐技术,基于协作学习、课堂学习、探究学习等教育场景度量教师、学习者、资源等实体对象的相关性,采用混合推荐算法,通过对相关性进行排序可得到各类实体的有序序列,为学习者提供多样化情景的个性化资源推送;同时通过应用反馈进行算法修正,避免过拟合、样本不均等情况,在严密的数据抽取、过滤、融合之后,建立用户预测模型,通过用户已有的行为数据来预测未来可能发生的动作,从而做出精准判断。

5. 教育绩效动态评估模型构建

面向不同教育情境中的教学过程,采用德尔菲法与层次分析法等教育科学研究方法筛选指标要素并构建分层的多维评估模型。构建基于人机协同混合智能的指标体系优化与验证,结合认知机理、学习行为、教学策略等,模拟不同情境中的教育教学过程,对认知过程建模,利用知识图谱技术,通过建模定义过程与实际过程的互动协同演化完成评估模型的进化迭代。针对不同教育情境,基于多维度多模态过程数据,融合学习管理模型,开展基于教育大脑的教育评价、监测干预和预测优化。

(三)线上学习空间基础平台

1. 门户管理系统

门户管理系统提供统一的集中展现门户,对所有用户统一提供一站式的栏目导航、信息检索及搜索、新闻宣传等服务,可让平台用户了解平台发布的教育信息化最新动态、对平台资源及应用进行检索,了解平台上其他用户的相关动态,搭建可互动交流的桥梁,同时平台管理者可通过系统管理门户的栏目发布内容,管理门户首页的布局和样式,可遴选平台的优秀空间并在门户上进行推送展现,实现个性化呈现。

2. 网络学习空间

网络学习空间包括个人空间和机构空间等。个人空间根据不同人群做出不同设计,包括学生空间、教师空间、家长空间、教研员空间、校长空间和教育局局长空间。个人空间具有空间基础功能、空间首页、展示主页三大板块功能。空间基础功能包括空间导航、登录注册、个人中心、消息中心以及文章、资源、相册、通讯录等基础应用。学生空间包括我的主页、我的课程、我的班级、我的拓展等功能模块;家长空间包括我的主页、孩子课程、孩子班级、孩子拓展等模块功能。展示主页主要包括展示主页首页和空间装扮,其中空间装扮包括版式布局、皮肤风格、模块插件、页面设置,满足用户个性化需求。机构空间包括教育单位空间、学校空间和班级空间。教育单位空间包括教育要闻、通知公告、资源中心、机构风采、下属机构、精品应用板块;班级空间包括班级资讯、班级寄语、学习动态、学生天地、优秀作品、教师风貌、学生风采、班级秀、访客统计板块;所有机构空间展示的栏目支持自定义配置管理。

3. 用户管理系统

用户管理系统实现了对平台用户和机构进行分级管理,包括统一的身份认证、单点登录、统一鉴权、用户管理和机构管理功能,使整个平台的用户处于有序的使用状态。

4. 配置管理系统

配置管理系统包括系统参数管理、菜单管理等功能,能够对平台管理权限及系统参数进行配置和管理,为平台管理员进行系统维护和权限管理提供保障。

5. 统计分析系统

统计分析系统以统计分析仓库为基础,收集各个层面的教育数据,通过报表和趋势图的方式进行展现,为各个层面的使用者提供全方位的数据支撑服务,响应教育管理者对信息查询以及决策方面的期待。

6. 资源管理系统

资源管理系统需要支持对平台资源进行统一管理,定义一个完善的资源元数据库,按照目录集中和资源分布存储的方式进行资源管理。

7. 国家专题教育社区

国家专题教育社区为各级平台用户提供服务。用户可以根据专题创建各类讨论组,支持信息发布、聊天等多种形式的社区互动。

8. 国家数字资源导航

实现各学段学科的同步资源、中高考资源、网校课程、慕课、专题、学前资源以及应用的统一导航。

第三节 5G远程互动教学

远程互动教学是指可以远程实时互动交流的教学活动。让学习者具有身临其境的感觉是远程互动教学最重要的特征,这需要各种现代音视频技术、网络技术以及智能处理技术的紧密协作。基于5G的远端多点协作式互动教学是教育数字化转型的重要内容。目前最有代表性的是 5G 远程全息课堂,即通过高清全息直播,实现跨区域远程互动教学。5G 远程全息直播教学使得教师可以实时全方位掌握远程课堂上所有学生的学习状况,实时接受学生的反馈,随时根据课堂情况调整教学内容与思路,给人以身临其境的感觉,实现实时互动,提高远程教学效果。

一、远程互动教学背景

教育信息化是推进教育公平、实现教育现代化的关键。我国教育信息化经历了如下几个发展阶段:教育信息化 1.0 期间主要是加强信息化基础设施建设,以网络设施为基础,推动教育公共服务平台建设。这一时期,我国以电大为代表的传统远程教育进入现代远程教育阶段,其中远程互动教学是最典型的应用。2018 年 4 月,教育部发布了《教育信息化 2.0 行动计划》,大力发展"互联网＋教育",计划到 2022 年实现"互联网＋教育"大平台的建设。这一政策推进了现代远程教育与互联网、移动互联网的深度融合,实现远程互动教学在互联网和移动互联网的延伸。我国国土广袤,教育资源分配很不均衡,基于 5G 的远程智慧教学,可以从技术上解决优秀师资和教育资源不均衡的问题,西部欠发达地区的师生可以实时享受到京沪等教育发达地区的优质教学资源,实现教育资源扶智,缓解教育资源不均的难题,使得教育扶智项目能够辐射更多地区和学校。目前,5G 的蓬勃发展,为人工智能、VR/AR、全息、云计算等新技术在教育领域中的融合应用提供了保障,5G 支撑下的远程互动教学将会进入一个崭新的发展阶段。

二、远程互动教学发展现状

传统的远程互动教学存在许多弊端,主要包括:①教育信息系统资源共享难,存在信息孤岛,缺乏统一的基础设施建设,业务流程整合度低。②数据安全风险大。由于教师和学生数据涉及个人隐私,比较敏感,远程传输存在数据泄漏风险。③无法承载新型教育业务。主要为对网络带宽需求高的业务如 4K/8K 超高清互动教学、全息课堂等。④用户体验度不高,缺乏沉浸式学习体验。

传统的远程教学特别是长距离的远程教学由于受到网络带宽的限制,学生往往只能通过观看视频的形式学习,只能起到远程听讲座报告的效果,视频卡顿现象时常发生,更是无法互动交流,体验效果很差,根本无法与现场教学效果相比。虽然全息、VR/AR 技术可以解决此类问题,但是远程全息、VR/AR 课堂实时传输的数据量非常庞大,4G 网络无法满足此类要求,导致这些技术无法用于远程教学。随着 5G 的商用,大带宽、高速率的难题自然迎刃而解,全息、VR/AR 课堂不再存在远距离传输的障碍,5G 远程全息互动课堂应运而生。

5G 技术给远程互动教学带来了颠覆性的变化,利用 5G 的网络切片技术,可以实现教育专网和特色定向应用,全息课堂、VR/AR 课堂等在 5G 环境下可以全面实施。例如,通过"全息＋MR"技术,学校可以邀请世界各地的名师为学生远程上课,学生的学习不再受限于地域界限,不再需要进行繁杂的旅程安排,就可以直接面对面地向万里之外的名师学习知识。偏远山村的学生不再需要翻越大山到县城去上课,在 5G 网络环境下,一线城市优秀教师的日常授课可以通过"全息＋MR"技术实时同步到本地教室,让山村里的孩子同步接受到优质的教育。

此外,5G 网络可以助力智慧党建,提升党建教育的质量和覆盖面。为满足疫情期间中小学托底教学的需要以及为了满足"双减"政策下中小学生个性化学习的需求,5G 网络可以打造全国教育资源云平台,支持超高清视频体验,支持各种教育模式。在"5G＋VR/AR"教育领域,还可以实现实时远程科研指导、远程科学实验等。

三、5G 远程互动教学架构

5G 远程互动教学指基于 5G 网络与新一代信息技术,把课堂内容通过全息等技术进行全景拍摄并实时处理,通过 5G 移动网络进行高速率、低时延、高保真的数据传输,克服了原先通过有线网络传输的局限性,在响应速度、安全可靠等方面给师生带来全新的使用体验。

借助于 5G 大带宽和超低时延的优势,以及融合 VR/AR、4K/8K 超高清视频技术,远程互动教学会得到质的飞跃,教学体验会有身临其境的感觉。5G 全息课堂、VR/AR 教学的创新应用会带来全新的沉浸式体验,上课提问、学习互动,甚至分组讨论、异地课堂数据实时采集、现场教学反馈等都将变得毫无障碍。快捷的 5G 组网技术,能够实现广阔的区域覆盖,使得远程教学无处不在。

同时,借助 5G 的边缘计算等技术,可以建设更加开放共享的国家和省市级的教育资源云平台,通过云、网、端的融合,实现 VR/AR 创新实验室、智慧教室等与远程受课融为一体,形成统一管理、开放共享的创新应用新模式。

5G 远程互动教学架构包括了教室与终端、网络层、媒体支撑层、业务平台层等。教室与终端主要包括主播教室、远程教室、互动白板、桌面终端、移动终端、VR/AR 眼镜和全景摄像机等,是远程互动教学的主体部分。媒体支撑层主要包括视频 MCU、数据协作交互服务器、录播服务器、课件服务器、接入网关、穿越服务器、超清视频引擎、AI 服务器、VR/AR 引擎服务器等,是实现超高清沉浸式体验的核心层。网络层主要包括校园网、教育网、互联网、移动网络等,要实现沉浸式体验下的远程互动教学,5G 移动网络是关键。业务平台层主要包括远程教育资源平台、教育业务平台以及开放接口等。应用场景主要是通过远程实时授课的各类场景,比如名师讲堂、全息课堂、AR 虚拟实验等。基于人工智能＋5G 支撑下的远程直播互动教学会给广大师生带来全新的体验。

5G 远程互动教学,承载着高清视频的实时交互,根据业务部署的层级、内容需求、专业特点等因素,承载网络具有不同的要求。对基础网络的整体要求:对于 108Cp 普通高清带宽为 1Mb/s＋1Mb/s 保障带宽(视频＋内容双路码流),对于 4K 超清带宽为 2Mb/s＋2Mb/s 保障带宽(视频＋内容双路 4K 码流)。此外,端到端时延要小于 200 ms,时延抖动要小于 50 ms,引入网络容错机制后的丢包率低于 1%。

四、5G＋远程互动教学应用场景

5G 远程互动教学在各个领域有着广泛的应用,比如 K12 基础教育领域的名师公开课堂、专递课堂、远程党教、扶贫教育、远程教师培训等。典型应用场景包括:通过移动网络进行包括微课、翻转课堂等多种形式的在线学习;引入全息视频的全息课堂,全景摄像头可架设在主讲教室,通过 5G 网络实现覆盖;应用 3D、AR、VR 等技术,建设 5G 虚拟交互体验实验室;对教师授课质量进行远程测评,教育主管部门和测评专家不需要到上课现场,通过 5G 网络远程观课,即能达到测评的目的,而且不会对正常的上课造成干扰。

5G 远程互动教学教室通过教师全景摄像机、教师特写摄像机、板书摄像机、学生特写摄像机、定位摄像机和学生全景摄像机的 360 度全方位拍摄,实现多点远程互动教学,主讲教室画面能够在各类场景之间自动跟踪、自由切换。

5G 与 VR/AR 的结合,给上课师生带来沉浸式的体验,超高清互动画面可通过 5G 网络的超大带宽得以实现,5G 网络的机动性使得处处能学、处处可学成为现实。

"5G+MR"全息教室是 5G 云化虚拟现实教育最为典型的应用场景,具有多方面的优势:一是支持全国各地不同学校众多的师生同时加入课堂;二是针对课堂视野中出现的所有人和事进行多人同时交互,同步反馈;三是支持多种形式终端的无缝衔接,包括智能手机、平板电脑以及其他智能穿戴式设备等,只要能够接入 5G 网络,都可以进行实时连接。

MR 远程全息课堂对于网络带宽有着特别高的要求。为保证课堂上的沉浸体验效果,又要保证低时延的要求,MR 远程全息课堂需要引入边缘计算和网络切片,建立远程互动教学的专属网络,并进行云端渲染,从而获得比较低的渲染时延和更为优质的互动画面。"5G+MR"远程全息互动课堂颠覆了传统的教学方式,5G 优越的性能确保了课堂的沉浸体验效果。

比如 5G、虚拟现实等技术在音乐领域也有着广泛应用。例如,以琵琶、古琴等为代表,可以制作虚拟现实音乐教育产品的演示原型;将裸眼 3D 技术应用于交响音乐会,极具层次的画面感使音乐会更为生动、形象,更加直观;通过"5G+4K"技术,实现异地无感知的远程互动,打造全时空的音乐教学等。

2019 年 5 月 28 日,浙江师范大学教育专家利用"5G+全息"实时交流未来教师培训及应用场景。老师和学生在不同城市,通过"5G 网络+全息投影"技术,跨越福州、金华两地的课堂,在浙江师范大学的教师教育实训中心实时上演。借助"5G+全息"等技术,课堂内容实时转化为全息信号后通过 5G 网络实时传输到异地,对学生来说仿佛老师就在眼前一样,效果非常震撼。

第四节 5G VR/AR教育资源建设

5G的高速、低时延特性深刻影响着我们的世界,提升了网络浏览体验。它以"海量连接"为特征,打开了"万物互联"的大门,当前,人类社会正面临数字化、智能化转型。5G、物联网等技术赋能人工智能,更是全面推进了在线教育、直播录播等领域的飞速发展,特别是5G VR/AR资源建设,为教育数字化转型创造了良好条件。

一、5G激发VR/AR发展新趋势

VR/AR技术并不是什么新鲜事物,大多数人都曾经有过相关体验,但是人们对VR/AR的相关娱乐产品的印象一直很差。例如,在VR/AR技术的实验中,头晕目眩是常见现象,这主要是VR/AR实验者在进行动作时引起的。在VR视场中,从动作监控到接受到动作反射,整个系统都会有一定的延时,因而观众会有头晕的感觉。5G技术以其高速度、低延迟等优势,正好可以解决目前VR/AR应用中存在的突出问题。5G赋能VR/AR应用,将进一步推动VR/AR的发展。

与传统网络相比,5G网络的主要优点是带宽大、延迟低、超大规模连接。5G网络与现有4G网络相比速率提高约100倍,5G网络与现有4G网络的数据传输延时分别为1 ms和30 ms,性能差异明显。5G具有大带宽和高速两种传输特性,其最大理论传输速率是传统移动网络的上百倍,该性能可以解决VR/AR的大容量数据传输问题,特别是8K高清的超大数据传输问题。以5G网络为支撑,使用VR/AR设备在线预览或加载标准的蓝光级影片只需一分钟,大大提升了用户体验,使得VR/AR的应用不再处于尴尬状态。5G的低延时特性也为虚拟现实、增强现实提供了良好的支持,这是一种对延时非常敏感的技术,5G赋能VR/AR将彻底解决虚拟现实技术常态化应用的问题。

5G实现了所有智能事物的相互联通,能够实现海量机器之间的通信,并且可以根据不同的应用场景与各类VR/AR相互组合使用,带来了类似VR/AR直播、VR/AR网游等各种不同领域应用的全新体验。随着5G的落地,VR/AR将与各个行业联系在一起,创造更大的商业价值。

VR 与 AR 自从被发明以来，即被视为能够彻底颠覆传统人机交互内容的变革性技术。

（一）VR 技术简介

虚拟现实技术（Virtual Reality，VR），即虚拟和现实相结合，是利用计算机及外部设备模拟虚拟的环境，把虚拟的信息融入真实世界，给人以沉浸式的体验感，好像身临其境一样，用户可以在虚拟现实世界里体验到真实世界的感受。VR 技术具有以下特点：①沉浸性：指人类在虚拟环境中感觉就像在真实世界里一样，人的视觉、听觉、触觉等器官能够感知到与真实世界中类似的刺激与反馈，在心理上进入沉浸状态，如同进入真实的世界。②交互性：指虚拟环境中对象的可控程度和用户能够获得的反馈程度。当用户在虚拟环境执行某些操作时，会感知到周围环境的反应。③多感知性：指虚拟环境中拥有触觉、听觉、嗅觉等多种感知方式，理想的虚拟现实技术应该具备每个人都具有的感知功能。④构想性：用户在虚拟世界中与周围事物互动，体验到在真实世界中难以进入的时空环境。虚拟现实技术既可以模拟重现真实世界，又可以创造出完全不同于真实世界的虚拟世界。

虚拟现实集成了计算机图形、传感、立体显示等多种技术，通过相关设备生产三维立体图像，模仿真实的物理环境，并由计算机来处理用户数据，通过 5G 网络进行数据的实时传输。

虚拟现实通过使用头戴式耳机将使用者置于虚拟世界中，并通过某种类型的屏幕显示虚拟环境。这些头戴式耳机还使用一种称为"头部跟踪"的技术，该技术使使用者可以通过物理移动头部来环顾周围的环境。显示屏将按照使用者的移动方向移动，从而为其提供虚拟环境的 360 度视图。

目前，耳机有两种主要类型，各有优缺点，可以根据需要使用。

第一种类型的耳机内置屏幕。这些设备连接到计算机，需要功能强大的系统才能平稳运行。它们具有出色的图形和良好的性能，但它们也很昂贵。其中一些受欢迎的例子包括 Oculus Rift、Vive 和 PlayStation VR，它们连接到 PlayStation 4 游戏机。

其中一些设备带有手持式控制器，该控制器也可以跟踪手的运动，从而提供交互式的体验。

另一种类型的耳机能容纳电话,并使用其屏幕作为显示屏。这种类型的耳机不需要计算机,完全可以使用智能手机上的应用程序运行。这种耳机的图像和性能水平不如内置屏幕的图像和性能水平好,但是它们确实便宜得多。一些流行的实例包括 Google Cardboard 和 Gear VR 等。

(二)"5G＋VR"应用

"5G＋VR"是目前 VR 眼镜的主流方式。超高清视频通过 5G 传输可以实现基于 VR 眼镜的娱乐级的直播或点播,用户可以享受到身临其境般的体验。还可以在不离开家门的情况下欣赏世界各地的 360 度全景影像,适用于娱乐、传媒、电影院、体育等多个行业。虚拟现实被认为是下一代计算平台,技术主要包括模拟环境、感知、自然技能和传感设备等方面。

(1)在娱乐行业,受益于 5G 的主要是 VR 游戏产业,相对于手游和端游,VR 建立了虚拟的世界,使得游戏玩家能够"沉浸其中"。在虚拟世界中,VR 打破了传统游戏的"屏幕"概念,让掌上的"方寸之地"变得无限大,让玩家仿佛亲临游戏之中。

(2)基于 5G,虚拟现实在媒体界的融合使用建立在新媒介的虚拟现实之上,设计感和体验性比传统媒介更加震撼。

(3)在 5G 通讯技术支持下,VR 电影产业也将迎来大爆发。不像今天我们看电影,只看到导演想让你看的内容,当享受 VR 电影时,我们可以选择看电影里的任何角落。可以从不同的视角去反复体验 VR 电影里的每个细节,享受其中的乐趣,每一遍都参与电影互动,这样每看一遍都会有新鲜感,完全超越了现在流行的 3D 电影。

(4)在体育赛事中,VR 直播也有多个成功的应用案例。传统的体育直播同一时刻只传输一个实时画面,VR 体育直播突破了传统模式,采用多个摄像机从不同的角度全方位同时拍摄实时比赛,并且同时传输多路画面信号,以建立 360 度的 VR 环境,观众根据自己的喜好随时切换视角来欣赏比赛,把自己沉浸于体育赛场之中。

(三)AR 技术简介

增强现实(Augmented Reality,AR)是基于 VR 基础上的一种扩展技术,是一种将现实世界信息与虚拟世界信息"无缝"集成的新技术。通过计算机等科学技术对被试的信息(视觉、听觉等信息)进行模拟和叠加,使得人类在现实生活中能够感知到虚拟世界的信息,以达到超越现实的意义。人类通过增强现实技术可以同时体验到现实世界与融入其中的虚拟信息。AR 是一种"增强"的现实体验。有别于一般的虚拟现实技术,AR 能够很好地融合真实场景与虚拟物体,这种建立在现实世界基础上的虚拟感更加真实。相比 VR,增强现实的技术优势更为突出。由于 AR 可以直接给用户带来沉浸式的体验,将其应用于教学和课程资源建设将产生深远的影响。

增强现实技术使我们可以通过分层的数字图像看到周围的世界。当前有几种 AR 头显可用,包括 Microsoft HoloLens 和 Magic Leap。但是,它们目前比 VR 耳机昂贵,并且主要面向企业销售。

增强现实也可以在不使用耳机的情况下在智能手机和笔记本电脑等设备上使用。有多种使用 AR 的应用程序,其中包括一些允许使用相机翻译文本、识别天空中的星星,甚至查看花园时对不同植物的外观进行观察的应用程序。

有别于 VR 只能看到虚拟世界中的物体,使用 AR 技术,可以同时展现现实生活与虚拟环境中的信息,而且它们相互叠加、相辅相成。在基于 AR 的视觉应用中,体验者使用 AR 屏幕将现实场景与计算机图形进行合成,然后在虚拟场景中就能同时看到其身处其中的现实场景。

(四)"5G+AR"应用

"5G+AR"是一种基于增强现实的远程可视化解决方案。无需任何手动实际操作,所有交互活动都通过 5G 网络在后台进行,组织者或专家通过高清视频进行低时延的实时远程指挥、会诊、答疑等。应用于远程医疗、远程教学、军事演习等数据传输量大、实时性要求高的场景。AR 终端是 5G、视觉和显示等多种技术相结合的产物。移动设备的扩展应用因为高速、低时延的 5G 技术而彻底改变,5G 为 AR 终端的应用提供了强有力的支持。

(1)在通信领域,利用 5G 超大带宽的优势,大视频应用就可以广泛用于可视通信。因此基于增强现实技术的"5G+AR"通信得到了社会各界的广泛使用,例如野外探测、智能制造、煤矿开采、军事演练等情况复杂、实时性要求高的领域,为实现智能化的运维作业和流程管理提供技术支持。

(2)在医学领域,典型的应用场景为"5G＋AR"远程医疗。一是作为远程辅助系统使用,主要用于病人急救等场景,在病人遭遇心梗等突发情况时,专家通过"5G＋AR"设备能够及时对患者进行初步诊断,以便使患者得到正确的急救。二是作为远程会诊系统使用,这对于医疗水平薄弱的地区尤为重要,通过 AR 技术,全国各地的专家可以同时对患者进行远程立体诊断,专家不再需要到现场即可实施会诊。三是作为 AR 医疗培训系统使用,进行远程医疗帮扶,提升远程医疗培训效果。

(3)智能制造的发展已经进入关键时期,5G 将产生巨大推力,5G 与 AR 的结合将在智能制造领域发挥更大的潜能。在智能制造过程中,利用"5G＋AR"技术,可以对操作流水线进行实时监控,对操作业务进行精确指导等,例如半导体的生产车间为无尘空间,对防护要求很高,专家不用到现场就可以对生产试验中的疑难问题提供远程指导。

(4)5G 也在加速 AR 在军事领域的应用。基于 AR 的指挥和训练技术将大大提高单兵及其部队的作战能力。在战场上,借助于航拍的战场实况,AR 技术通过 3D 方式还原战场画面,在远方的指挥所内就可以随时了解战场实况,进行精准指挥。AR 智能眼镜和 AR 头盔即时识别复杂现场环境,获取风向、距离、温度等信息,甚至未来可以利用它发现危险点,帮助战士更好地作战,有效提高单兵作战能力。

VR 和 AR 技术都在以相当快的速度增长。专家预测,在不久的将来,它们将继续变得越来越受欢迎。使用 VR,我们可以探索水下环境。使用 AR,我们可以看到鱼在周围的世界中畅游。随着技术的进步,看到将其应用于商业和日常生活将令人兴奋。

二、5G VR/AR 教育资源

VR/AR 教学资源为教育和教学带来了全新的体验。虚拟学习环境可同时动员人们的多感官输入,例如视觉、听觉和触觉。VR/AR 教学资源的变化,以一种新的形式影响了课堂教学模式的转变。

（一）VR/AR 教学资源的形式

回顾 VR/AR 的发展历史，基于 VR/AR 的教育早在 20 世纪 80 年代就进入了人们的视野。因为当时硬件发展不成熟，VR/AR 教育并未引起人们的高度关注。随着硬件的发展和硬件的改进，自 2000 年以来，VR/AR 教育迎来了新的发展。当前，VR/AR＋教育已经对人们的生活产生了深远的影响。VR/AR 教学资源不同于传统的基于信息的教学资源，而是以一种新的形式影响着当前的教育和教学。VR/AR 在教育中的应用具有以下三个特征。

（1）想象力。VR/AR 重现了真实的现实世界，并为学习者全面构建了更广阔的学习环境。在虚拟环境中，学习者不仅具有在现场的经历，而且还可以通过发挥想象力来发展主观和积极的想法，创造新的环境，突破现实的环境，拓宽人类认知的范围。

（2）互动性。与以前的鼠标、键盘和触摸面板不同的是，VR/AR 向用户提供的交互模式不再位于人机交互界面上。VR/AR 强调用户与系统的有机集成以及人类与环境的有机集成。用户可以通过不同的 VR/AR 传感设备直接在虚拟环境中操纵对象，并及时获得反馈，从而扩展了人机通信方式。同时，VR/AR 技术的应用可以突破时空限制，学习者可以在任何地方进入学习环境，并且可以实现更好的互动。

（3）沉浸感。用户亲自沉浸在 VR/AR 模拟的真实环境中。就像在现实环境中一样，虚拟世界中的对象可以相互感知、触摸甚至互动。在虚拟环境中，这一系列感觉就像在现实世界中，沉浸其中则产生了不同的"化学反应"。

（二）VR/AR 教学资源的类型

（1）教科书知识。传统的教科书以文字和图片的形式向学习者介绍知识，知识的传播相对抽象。VR/AR 技术＋教科书打破了传统教科书中固有的知识传授模式。利用 VR/AR 技术，结合教科书和教学大纲，构建模拟的教学资源和教学环境，并对三维抽象知识进行可视化，它主要反映在教科书中对更抽象概念的解释中。可以开发 VR/AR 教学资源，便于学生把握知识的内涵。

（2）实验课。在传统教学中，许多实验环节受时间、地点、工具、自身的危险性和失控性等多种因素的影响,无法进行实验课程,导致学生实践能力缺失。VR/AR技术的出现为无法在真实环境中完成或需要大量成本的真实实验提供了新的体验机会。VR/AR实验软件与VR/AR实验平台均提供了多种教学实验。目前,物理、生物学、化学等实验软件和平台已经相对成熟,在实验教学中取得了理想的成绩。

(3)体验课。在当今基于信息的教学中,我们始终可以通过不同形式的多媒体元素(例如文本、声音、图片、视频和动画)来获取新信息,有些时候需要VR/AR来模拟真实场景,使学习者可以在虚拟环境中体验,从而获得知识和经验。对于学习者而言,这些更多的是一种推动方法。自从VR/AR在教学中出现以来,学习者的知识获取已从被动推动变为主动感觉。VR/AR模拟了真实的教学环境,使学习者拥有个人体验,并能体验真实环境中无法体验的场景。体验式VR/AR资源更多地出现在实践培训课程中,例如,展示项目的过程、生产过程或公司的运营过程等,这些过程难以表达、难以理解,但具有重要意义。

(4)设想类。这种教学资源的设计和计划是收集相关材料并开发无物理参考的模拟教学资源,以方便学习和交流,它融合了更多资源构建者或教师的想法,是一种虚拟的学习资源。

(三)VR/AR教学资源的应用

VR/AR教学资源具有明显的特点和丰富的类型,但是如何将它们融入传统的课堂一直是学者们关注的热点。因此,正确使用VR/AR教学资源是提高教学质量的关键。

(1)坚持"可实不虚"的原则。虚拟学习内容和虚拟学习环境为人们带来了全新的多感官体验。虚拟教学资源越来越丰富,涉及的学科和类别越来越完整。此外,虚拟体验硬件变得越来越成熟,价格也越来越便宜。许多学校建立了自己的VR/AR教室和VR/AR实验室,为VR/AR教学提供了充分的条件。为了乘上VR/AR火车,许多教师在教学资源中盲目地使用VR/AR,这不仅没有提高教学质量,而且增加了教学成本。因此,在VR/AR教学资源的应用中,我们强调应该坚持"可以真实但不能虚拟"的原则,也就是说,在可以使用现有的真实教学资源的情况下,一定不能使用虚拟教学来协助完成教学任务。这是因为,一方面,现实世界的体验不能被虚拟现实所替代;另一方面,VR/AR资源的开发需要时间、人力和物力,这将大大增加教学成本;还有,真实世界的经验和反馈,更有利于教师对学生的监督,更有利于提高教学质量。

(2)VR/AR资源与传统课堂相互融合。VR/AR教学更强调学生的自主学习,学生通过身临其境获得不同的体验,积累不同的经验,充分体现以学生为主体的教学模式。而传统课堂,教师对课堂的监控,教师对学生习得的知识和经验都有充分的引导和影响,学生缺少自己习得知识的时间和机会,换言之,传统课堂中教师的主体地位不是一朝一夕能改变的。那么,VR/AR教学资源如何融入到传统课堂呢?这一方面要求教师尽快适应课堂教学主体角色的转换,另一方面,教师对教学资源的整合需要对课堂教学进行重新设计,并对VR/AR教学资源有更充分的认识;最后,课堂中,如何进行真实环境和虚拟环境的切换,也要经过巧妙的设计。总之,VR/AR给传统课程带来了机遇与挑战,要把握机遇、接受挑战,切实提高课程教学效果。

(3)正确处理"虚"与"实"的关系。随着VR/AR的飞速发展,"虚拟成瘾"一词也经常出现在人们的视野中。在虚拟环境中,通过创建不同的场景,学生可以获得丰富的经验、新颖的刺激以及对虚拟环境产生巨大影响。长时间处于这种环境中会使学生对现实世界的教学感到无聊,也会使学生对现实世界变得冷漠和麻木,因为虚拟世界将人们带入了图像和声音效果的时代。事件、各种灾难和极端经历等都是通过VR/AR技术传递的,成为一种安全的、不存在的类似于冒险的刺激。由于在虚拟世界中没有实际的危险,并且各种操作行为都不会造成真正的伤害,因此可能存在各种大胆的虚拟体验,使学习者养成不负责任的态度和习惯。在教学中,我们必须认真对待这一问题,正确处理"虚拟"与"真实"之间的关系,积极引导学生建立正确的学习观。

三、5GVR/AR应用场景

(一)5GVR/AR沉浸式教学

5G为智慧教育的开展提供了新的基础设施建设,沉浸化是5G时代技术革新与教育发展的共同趋势,能够涵盖教育在技术推动下的发展趋势。5G时代的学生是成长于信息社会的,其信息饱和的生活环境与沉浸化的生存方式，以及新兴信息技术与信息传播范式的沉浸化趋向，使得传统的教学模式也将趋于沉浸化。5G时代教学在5G及其强化的虚拟现实等新兴技术的支持下将呈现出基于片面沉浸化各自升级与有机整合后的全面沉浸化新态势。

1. 5GVR/AR沉浸式教学的实现途径

VR/AR的应用瓶颈随着5G等技术的发展而破解。无论是从教学内容还是教学设施上看，VR/AR在教育领域应用存在障碍的实质还是渲染性能问题，这与网络传输带宽和时延有很大关联。为实现5G网络的全面覆盖，未来全国范围内可能需要建设几百万甚至上千万个5G基站。为应对各种类型的教育教学应用，学校需要在教室、实验室、会议室等密闭场所布局若干5G微基站。基于5G网络，VR/AR的实时交互能力显著提升，VR/AR的内容和渲染等功能不再依赖于有线传输，在移动端开展VR/AR应用已经刻不容缓，这对于课堂教学来说尤为重要。目前，"5G＋VR/AR"已经在远程互动教学等方面有了示范性应用，运营商也在加速5G进校园的进程。随着VR/AR终端的升级以及5G的使用，VR/AR的体验感会得到进一步提升，眩晕感也会自然消失。随着云、网、端的融合，VR/AR的渲染功能和相关教学资源可以部署在云端，使得5GVR/AR应用于教学的形式更加多样化，教学成本也大为降低。

2. 培养技教一体的高素质教师群体

5GVR/AR应用于教学，有利于激发学生的兴趣、焕发创新灵感以及提升教学效果。但是如何才能让普通老师利用5GVR/AR技术来实施教学，是5G时代智慧教育实施必然遇到的新课题。因此，有必要对一线教师进行培训，要使教师们能够学会使用相关教学终端。此外，还要整合优化教学内容，丰富教育资源内容，使得基于5GVR/AR的教学应用除了解决知识传授、提升学习的趣味性外，还能够通过新颖的技术传授提升学生的信息化素养，防止技术与教学脱节，使得5GVR/AR技术与教育真正融合。

要建设更多的5GVR/AR教学资源。2018年10月，教育部发布《关于实施卓越教师培养计划2.0的意见》，提出要推进智能学习环境等新技术与课程的全面融合，充分利用虚拟现实、增强现实、混合现实等，构建一批交互式、情境化的课程资源。由于 VR/AR 教学资源的开发成本很高,这就需要教育主管部门、学校与社会各方加强合作,根据新课程新课标的要求,以全面提升学生素养为核心,制作一些通用的和特色的 VR/AR 学科资源。此外,还可以提供一些简单的 VR/AR 组件,使教师自己也能根据需要制作一些简单的特色 VR/AR 课件,从而进行有针对性的教学。

(二)5G VR/AR 虚拟课堂

2020 年初一场突如其来的疫情让"云课堂"令人熟知,5G 赋能教育,将促进智慧教育的快速发展,逐步消除优质教育资源的不均衡现象。例如,"5G+VR/AR"虚拟课堂能够满足高等院校多校区同步教学、科研成果互动共享的需求,解决教育资源分布不均难题。"5G+VR/AR"虚拟课堂主要包括全息课堂、虚拟实验课、虚拟科普课、虚拟创课等。

"5G+VR/AR"虚拟课堂形态主要有全息课堂和虚拟课堂。

1. 全息课堂

这是集 5G、VR/AR、边缘计算等前沿技术为一体的开放共享式课堂,是信息技术与教育深入融合的产物。全息技术赋能教育,使得课堂气氛更加活跃,可以促使学生转向以个性化资源为主的自主式学习,大大激发学生的创造思维能力,适应了时代发展要求。全息课堂可以带动学生的技术能力和思维能力的发展。科技同时也可以服务于教育的内容生产、教学体验、评估体系和教育公平发展。

2. 虚拟课堂

随着 5G 的推进,基于云端的 5G 虚拟课堂会逐步普及,5G 虚拟课堂的诞生将打破时空的局限,打造全时域、全空域、全受众的教学,能够为西部欠发达地区带去东部发达省市优质的教育资源,为教育扶智贡献力量。

四、"5G+VR/AR"应用展望

(一)促进教学方式数字化转型

在教育领域,由于存在教学课程的专业化、理论化、抽象化、复杂化等因素,传统的以理论教学为基础的教学模式存在诸多问题。对于某些专业性较强的学科,抽象化的概念往往很难用语言和文字表达,教师的授课和学生的理解都非常困难。虽然传统教育模式一直在变革创新,但是课堂上教师始终处于中心地位,这种模式旨在传递知识,学生往往得不到足够的关注,导致学习兴趣不浓,互动性欠缺,课堂气氛沉闷,抑制了学生的创造性和想象力,不利于大规模的因材施教和创新人才的培养,教学方式的数字化转型势在必行。

基于"5G＋VR/AR"技术,教师在教育教学上的授课模式可以创新,教材中抽象的概念以 VR/AR 方式呈现,以及融入手势、体感等肢体语言,以创造沉浸式的体验,课堂更具活力,学生融入其中,如同在现实实践中学习,授课模式的创新更加符合人类的认知习惯,有助于快速掌握知识,是教学方式数字化转型的重要手段。

(二)促进教学体系重构

5G＋VR/AR 技术为教师提供了便捷有效的辅助教学手段,将知识以更加直观和立体的方式传递给学生,可以促进教学体系的重构。5G 环境下 VR/AR 系统可以使得真实世界在虚拟物体帮助下,使无处不在的互动式、情境式学习得到提升,现实生活中的一切事物都可以成为 VR/AR 学习的道具,实现便捷性、交互性和个性化。"5G＋VR/AR"系统能够实时感知学生的当前位置和学习状态,可以实时进行记录、评价和干预。

传统的教学方式是以教师为中心的灌输式的授课方式,学生容易分神,注意力不集中。"5G＋VR/AR"模式下,教师可以实施个性化的教学,针对不同学生设计个性化的教学内容,学生可以更多地参与互动,教师和学生角色可以根据需要互换,学生也能成为课堂上的主角,这样一来,学生的存在感和专注度获得提升,进而能够提升学习效果。

第五节　学生数字化管理

随着信息技术不断更新迭代,各行各业都实现了数字化赋能下的飞速发展,教育行业也不例外。学生管理是教育的核心内容,信息技术为学生管理工作提供了新思路、新方法。长期以来,学生管理工作由于管理群体庞大、学生差异大等特点,管理工作有其特有的复杂性,传统的管理模式难以满足当前发展需求。在"人工智能＋5G"时代,特别是在数字化转型的背景下,将数字化理念、方法融入学生管理过程中,对提高管理效率、持续优化管理工作具有重要意义。

一、学生管理

学生管理是学校对学生在校内外的学习和活动进行计划、组织、协调、控制的总称,是有组织、有计划地组织学生开展各种教育活动,实现教育目标的过程。学生管理是帮助学生完成学业,实现德、智、体、美、劳全面而有个性的发展的重要手段。

从文献情况来看,学生管理一词在高等教育使用居多。1990年,《普通高等学校学生管理规定》颁布,指出学生管理是学生从入学到毕业阶段的学生管理工作。在基础教育中,学生管理应涵盖学术方面,包括学习、课程、教学、认知发展、升学等,同时涵盖学生个人生活和成长,如课外学生活动、感情或个人问题等。现阶段,中小学学生管理包括学生信息管理、考试招生、综合素质评价、学生资助管理等。

二、学生数字化管理

数字化管理是指利用互联网、大数据、5G等新一代信息技术,提高管理的科学性、有效性,提高计划、组织、协调等方面的效率。近年来,随着城市数字化转型的发展,数字技术使用范围不断扩大。数字化技术与教育行业的深度融合,已然成为当前的发展趋势,数字技术在学生管理中的应用就是典型代表。

学生数字化管理离不开大数据。大数据是从不同来源汇聚而成的大型数据集。维克托·迈尔在《大数据时代》中提出:大数据是需要新处理模式才能具有更强的决策力、洞察力和流程优化能力的海量、高增长率和多样化的信息资产,有高速、大量、多样性、价值密度以及真实性的特征。在大数据时代,大数据使得我们的认知回归本源,帮助人类更直接、客观地看待事物本身,以及更有效地寻找事物发展规律,它影响着人类的经济、生活、教育等各个方面,与每个人都有着紧密联系。

基于大数据的学生管理是当前重要发展趋势,从数据采集、数据建模分析到数据分析结果的应用,国外学术领域全面分析了大数据在学生管理中的应用。沃尔默（A. Volmer）认为，需综合考虑学生表现，推送个性化建议，并且结合数据分析结果推荐课程，以便更有针对性、更有效地开展学生管理。莱利（William Reilly）认为大数据在教育中非常重要，他分析了教育面临的问题，提出利用大数据技术解决这些问题。

国内相关研究起步较晚，但近年来学生管理与大数据相结合的应用研究越来越多。万辉认为，大数据实时获取数据，能让管理部门及时掌握学生最新信息。韦伟提出利用大数据技术收集学生动态信息，能确保学生管理有效性，大数据应用于档案管理，可以及时收集学生信息，解决学生档案工作存在的滞后性等问题。胡劲颖认为，安全预警将是未来学生管理的重要内容，构建基于大数据的预测功能是未来的重点。胡乐乐认为，大数据在学生管理中发挥着重要作用，通过技术手段挖掘学生数据越来越重要。阙海祥认为通过大数据，可以及时了解教师和学生的相关动态。大数据技术将促进学生管理走向数字化、智能化，也将加速学生管理朝综合立体的方向转变。

三、"人工智能＋5G"在学生数字化管理中的应用

"人工智能＋5G"将进一步提升学生数字化管理水平，提高管理与服务质量。

（一）数字化学生信息管理

信息管理是学生管理的基础，一般包括贫困生档案管理、勤工助学管理、在校学生的管理等。教育部建立了全国学生信息管理系统，部分省市建立了地方性的、个性化的区域学生信息管理系统并与教育部部署的全国学生信息管理系统实现对接。学生信息管理系统除了对学生的入学、转学等进行基本的学籍服务外，还要为学生成长信息记录、体质健康监测、帮困资助、综合评价以及个性化发展发挥基础性数据的作用。此外，还可以通过学生信息管理系统的第三方应用服务，为学生建立个性化的电子成长档案，全程记录学生课堂内外的学习实践活动，为学生建模画像，为学生个性化发展提供服务。例如：上海市基础教育学生信息管理系统已经成为上海市最权威的基础教育学生数据中心，成功对接市政府"一网通办"，与国家教育管理数据系统和市公安等数据打通，成为上海市大数据中心的基础教育学生数据源。为学生的健康管理、学生

资助、学生个性化成长提供了基础性数据。2021 年为全市所有中小学生新冠疫苗的接种提供了基础性数据,每年为全市所有中小学学生的资助提供了全部数据服务等。

(二)数字化学生学习管理

学生学习管理包括成绩管理、综合测评和在线成绩查询等核心功能。学生学习管理的数字化减轻了教师的负担,提升了测评和成绩管理的准确率。例如,通过 5G 技术,可以实现学生素养的综合测评。测评系统包括学生智慧身份识别、AI 动作判别和 5G 数据高效式分享等。学生智慧身份识别实现电子学生证、指纹、人脸、语音全口径身份认证和识别,根据需要选择合适的身份识别方式,支持动态人脸识别。AI 动作判别通过机器视觉学习,将技能测试中学生行为动作主要骨骼节点矢量化,按照每个节点的标准容错范围,辅助判定技能测试是否违规,减轻裁判压力。通过捕捉识别及比赛视频回溯,能够保证技能测试的真实性。采用 5G 通信模块,在大范围大批量测试中保证测试结果数据实时高效共享,能全面稳定对接通用云数据平台。

汇聚学生阅读数据,对学生的图书借阅情况进行挖掘分析,根据书名、出版社、图书类别、作者等信息进行汇总和统计,可以分析不同学生的阅读习惯及兴趣爱好,为教育管理部门、学校和家长等提供参考。通过 5G 网络,图书馆可随时开展图书入库处理,还可以对学生借阅和归还书籍情况进行全过程的管理,随时查阅出借书籍信息。

(三)数字化学生服务

考勤管理、生活管理、奖学金管理、奖惩记录分类管理是学生服务管理的几个基本内容。考勤管理是对学生出勤情况的统计分析等相关事务进行处理,包括数据汇总以及横向、纵向分析比较等。学生生活服务管理可以为学生提供在校园内住宿、餐饮、学习等方面的支持和服务,能智能判断学生交纳宿舍费和水电费的情况,提供跟踪提醒服务。借助信息化手段,许多学校进一步提升了学生服务质量,比如疫情期间有学校升级了学生餐饮服务,信息平台可以为学生提供个性化智能推送餐品信息、餐品查询、配送申请、在线支付、评价等服务,可以为食堂管理员提供在线收款、商家管理、用户管理、榜单管理等服务。

目前,许多学校建立了"一站式"学生服务中心,数字化手段能帮学生"少走一趟路、少推一扇门、少找一个人",提高办事效率,从而把更多宝贵的时间和精力用在学习和享受校园生活上。2001年,欧洲提出了"一站式电子政务服务",意指从办事者的视角出发,整合公共服务,综合了电话、邮件、面对面等多种方式,让办事者需要办理的事务在一次接触中完成。"一站式电子政务服务"减少了公民办事的来回奔波,提高了政务服务的效率。教育中的"一站式"学生服务正是借鉴了这种模式,成立"一站式"学生服务中心,能为学生提供高效便捷的服务。人工智能技术与5G的结合,为"一站式"学生服务打开了更广阔的想象空间。人工智能可以为学生提供更加智能、精细、高效的服务,5G则进一步拓展了学生享受服务的时间和空间。

综上所述,"人工智能＋5G"为教育管理者赋能,能进一步提升学生服务质量,拓展管理服务与资源共享范畴,提高决策、管理、评价的科学性。学生管理与服务工作在可视化界面开展,各项功能便捷、简单,技术操作难度大幅降低,各项数据有序收集,并进一步沉淀为数据资产,为智能服务提供数据"燃料"。借助人工智能,学生服务的数据价值被进一步释放,各种算法模型为学生事务工作者提供科学支撑,各类信息和服务咨询被精准推送,服务效率和决策的科学性得到提高。另外,长期以来,网络环境一直是教育信息化发展的重要支撑,近几年来,随着各类教育应用的升级,传统的教育网络已经无法适应,甚至成为新技术、新应用在教育领域普及的阻碍。5G技术的发展与投入应用,打破了这一局面。5G和人工智能的融合,进一步拉近了学校、家庭、社会之间的联系,使得它们凝聚成为利益共同体,协作育人的社会氛围逐渐形成,这极大地拓展了学生服务的边界,过去的学生服务可能仅限于校园之内,未来可能是跨越校园围墙、打破时空边界的终身学习服务,这样的服务能够有机联结学校、企业、博物馆等社会机构,让各类教育资源有序集成,进一步提高社会育人氛围。"人工智能＋5G"也进一步加固了沟通的桥梁,畅通的网络、智能化的平台,支撑实时、有效的沟通、协作、交流与展示,让高效的远程指导与服务成为可能。还能重塑业务流程,让学生管理与服务工作更加智能化,组织结构更加扁平化。

第六节　万物互联的未来课堂

随着智能物联网技术的发展,5G、VR/AR、云计算等新一代信息技术与教育教学的融合,传统教育面临变革,智慧教育逐步兴起。智慧教育借助5G、人工智能等技术,针对个性和特色需求,打造沉浸式教学体验,突出学习的个性化、精细化,引领现代教育向智能、泛在化的方向发展。

5G进一步加强了人工智能在教育领域的应用和落地,作为互联网底层核心技术,5G让人工智能、云计算、计算机视觉、VR/AR、知识图谱、物联网等更好地应用在教育场景中。5G可以提供特定教学所需的专属网络,海量连接和高可靠性使得全国多地的师生可以同上一堂课,实现教育资源扶智,缓解教育资源不均,使得教育扶智项目能够辐射更多地区和学校。

一、未来课堂特征

未来课堂将向云端一体化、互动多样化、模式多元化、行为可视化、管控智能化、能耗绿色化的方向发展。5G和物联网融合现代教育理念,能够支持特色多样化的教学和科学实验活动。

(一)云端一体化

未来的教学资源、在线学习、教学辅助工具等将会集中到云端,甚至可以通过云资源获得教学所需要的第三方服务。

(二)互动多样化

提供多种形式的互动教学,包括远程互动课堂,实现"面对面"互动教学,师生与教学设备的人机交互,课堂内师生以及学生与学生之间通过智能终端等设备进行视频、语音、图像和文字信息的互动等。

(三)模式多元化

智能时代,特别是后疫情时代,教学模式更加多元,传统授课模式将会彻底变革,翻转课堂、项目化教学、探究式教学等将成为常态。还包括将信息技术应用于传统课堂教学的混合教学模式。

（四）行为可视化

依据课堂上学生的行为分析，经过人工智能辅助决策，可以为学生学习情况建模画像，并且进行教学的实时反馈，实现精准教学。

（五）管控智能化

未来，利用分布于各个教室的 5G 微型基站，物联网能对智能教室中的高清 LED 屏、空调、照明系统、音响等进行管控，可以根据天气、温度、光线、音量等自动调节相关设备，根据当天课表，实现基于教育云平台的教学资源自主推送，自动采集教室中的各类数据，提供远程维护、安全管理、行为管理等。

（六）能耗绿色化

充分体现绿色建筑理念，合理利用自然资源和能源，未来课堂不仅满足人们对它的功能需要，而且要能耗最小，对环境的影响最小。

未来课堂是融合新一代智能技术的新型课堂，是以提高学生素养为核心、以提高学生创新思维能力为目标的新型课堂，未来课堂中，5G 等新一代信息技术是基础，新型教育生态环境是关键。未来课堂在学习空间上是没有边界的，虚拟学习空间无处不在，虚拟空间与物理空间有机融合。教学过程不再仅仅是传统意义上的课中学习，而是对课前预习、课后复习进行全覆盖。教学形式更加丰富多元，探究式、项目式等各种各样的学习方式会进入寻常课堂。

二、技术参与的智慧课堂

未来智慧课堂以学生体验为中心，通过硬件接入、软件和平台支撑、线上互动学习和线下授课有机组合，将着力点放在学习体验上，通过数据集成和分析，实现大规模个性化学习。无论是课前学习资源的收集准备和学生前置预习，还是课中问题导入式学习，群体、个体互动，乃至课后的评测、知识巩固、能力提升，线上与线下相互融合弥补，打破了时空的界限。

（一）授课资源

授课资源包括学生学习过程资源，课本资源，智能错题，智能知识点，教师采集资源，教育机构、学校和教师的共享资源，如图、文、音、视频等。

（二）教学工具

教学工具包括互动白板、各类画笔、图像工具、计时器、课堂练习、屏幕分享、课程录制等。

学科工具包括数学工具，几何工具，物理实验、化学实验、函数工具，地理工具，音乐工具等。

（三）智能错题和智能知识点分析

系统自动统计、分析班级全体学生的易错题以及知识点掌握情况，基于知识图谱体系，学生易错题均与未掌握知识点精确对应，方便教师课堂讲解。教师一键布置错题辅导供学生练习，有效查漏补缺。

（四）智能课堂记录

跟踪、记录教学全过程的教学行为及过程数据，实现课堂重现。

（五）课堂大数据

自动分析、记录教学行为及学生掌握程度，方便教师课后反思，优化教学设计，提高课堂质量。

（六）智能预警服务

动态预警学生知识点掌握异常与作业异常情况，方便教师上课讲解。

（七）智能教学轨迹

基于5G、人工智能等技术，师生教学行为可以被精确跟踪，形成教学轨迹。对教学轨迹的广泛研究可以进一步地提升教学质量。

（1）教师教学轨迹：按发生时间记录教师所有的教学工作与任务，教师通过回顾教学轨迹可以进行教学反思，优化教学过程。

（2）学生学习轨迹：按发生时间记录学生每天的在线学习任务，方便学生回顾、提高，也有利于教师、家长及时了解孩子掌握情况。

（3）班级教学轨迹：按发生时间记录每个班级的教学数据，方便学校管理层与班主任进行检查。

（八）教学大数据

按每日、每周、每月、每学期动态统计教学大数据。

（1）个人大数据：教师与学生可查看个人的大数据，教师可了解自身教学概况，优化教学结构；学生可了解自身掌握情况，有针对性地调整学习任务。

（2）组织大数据：按区域、学校动态呈现整体教学大数据，方便区域教育局、学校领导层了解整体信息化建设动态，方便教研人员根据沉淀的教学数据开展教研指导。

（九）实时课堂管理

支持区域教育局与学校实时查看智慧课堂授课情况，确保智慧课堂授课数量及质量。

（十）实时教学行为分析

通过图标多维度了解区域、学校教师授课行为倾向、学生学习习惯，为教研员科学地指导教师优化教学结构、调整学生学习计划提供参考。

（十一）实时教学质量分析

实时了解区域、学校学生的错题情况及知识点掌握情况，教研人员可分析总结教学难点，对教师进行针对性指导，提升教学质量。

（十二）AI 工作流

AI 任务系统智能调度用户教学或管理工作，节省用户时间。

（1）常规教学任务：智能汇总教师需要处理的教学任务，轻松做好教学任务管理。

（2）班务、办公任务：实时汇总需要处理的上级任务、班级班务，提高处理效率。

（3）智能预警提醒：每日异常教学数据第一时间提醒，以便未雨绸缪、快速处理。

（4）周期任务报告：按每日、每周、每月智能导出周期任务报告，方便进行回顾。

（十三）智能应用服务

（1）错题辅导：区域教育局、学校管理层、教师可一键布置错题辅导供学生练习。学生统一练习易错题并反复巩固，有效查漏补缺。

（2）AI 信息发布：区域教育局、学校管理层编辑重要消息后，可直接推送至教师、学生任务系统，实现信息实时、有效的传达。

（3）搜索系统：智能检索每一位教师、学生的教学大数据详情。

三、物联网智慧教室

物联网智能控制系统能对教室信息化设备进行全面管理和控制,优化教师和学生的"教与学",提高管理效率,降低成本。物联网智慧教室包括以下功能。

(1)实时监测智慧教室环境,例如温度、湿度、光照度、二氧化碳、PM2.5等参数,并实现相关联动控制。

(2)实现智慧教室的电源控制、环境控制(灯光、窗帘、空调等)、设备控制(触控液晶屏、音视频矩阵、教学终端等)。配备控制面板或者APP,一键开启智慧教室相应教学设备,方便教师操作。配备硬件操作按钮,方便快捷。

(3)为方便老师开展各种教学活动,支持多种场景一键切换,进行组合联动控制,例如讲授模式、观影模式、小组讨论模式等。

(4)通过物联网集中智能控制平台可远程监视和控制所有教室的设备,远程控制教室所有设备通电、断电等。

四、高清直录播课堂

当前,录播系统已经成为解决大批量教学资源专业制作的最有效工具。传统肩扛手推的视频拍摄方式需耗费大量人力和时间,更妨碍了师生的正常教学。现在,运用高清录播系统,在不影响正常教学秩序的情况下,就可以自动控制授课情况的实况拍摄,零人工投入也可以做出媲美专业摄像师的精品教学视频。

(一)高清录播系统构成

高清录播系统主要由视频采集系统、音频采集与处理系统、跟踪系统和导播系统组成。高清直录播系统具有远程控制、智能、无感知等特点,得益于人工智能和5G等技术,摄制时师生无需携带额外设备,录播系统可以自主对授课行为、课件切换、学生互动特写、老师特写、上课全景等画面进行追踪拍摄,视频回放时可以给人以身临其境的感受。

(1)视频采集系统:采用多台高清摄像机,对课堂授课情况进行实况智能拍摄,真实采集课堂上老师特写、板书、PPT切换、课堂互动、老师提问等场景,摄像机采集到的视频信号传输至高清录播主机,再进行视频信号的编码合成等处理。

（2）音频采集和处理系统：对课堂上的语音信号进行降噪和混音等处理后，输出2路音频信号，1路输向高清录播主机，1路作为现场扩音。

（3）全自动跟踪系统：内嵌图像空间分析软件系统，可以进行无盲区、全景化的视频采集，根据常态化课堂教学的行为，采用多种定位和跟踪技术，自动识别老师和学生的行为特征，准确定位，快速聚焦特写目标，完整记录整个教学活动过程。

（4）导播系统：为方便导播人员进行导播管理控制，录播主机内嵌导播管理系统，提供满足课程录制功能的导播操作平台。录播系统支持两种导播模式：B/S架构网页远程导播和本地导播模式。

远程导播模式，即支持通过网页登录嵌入式录播一体机进行远程导播管理、系统功能设置。操作人员只需登录响应网页便可对录播设备进行画面切换、片头片尾添加、字幕添加、LOGO添加、特效画中画设置、手自动控制，视频下载上传以及录播参数设置等操作。

本地导播模式，操作人员在录播主机外接键盘、鼠标、显示器的情况下即可对录播主机进行操作。具有多路预览画面以及一路主录制画面。操作人员可以设置录播参数、控制摄像机转动以及手动/自动切换等操作。而且两种导播模式可同时运行，满足教师各种录制需求。

（二）主要应用

1. 精品课程录制

利用高清直录播系统可以完成精品课程以及视频公开课录制，建立优秀/骨干教师课程库。

2. 教师教学辅助应用

课堂上录制的视频可自动上传至资源管理平台，教师可课后观看、分析，优质的视频资源可用于教育培训、教育帮扶，甚至可以直接用于各类教学比赛、职称评审等。

3. 远程教学应用

（1）利用异地互动教学完成不同学校、不同班级学生之间的沟通，在互动教学课堂中，普通学生能够有效地向其他学校的好学生学习，同样，好学生可以以身作则，影响其他学校的落后生。

（2）互动教学可以为每一个学生营造更加浓厚的学习氛围,提升学生自主学习的主动性,真正把国家提倡的"翻转教学"落实到课堂中。

（3）异地互动教学能够解决偏远山区、教学点等师资紧缺导致开不好课、开不齐课的现象,让教学点的学生能够利用该系统充分享受到城市学校、中心校的优质师资及选修课程。

（4）教师可以与学生进行远程文字交流,如教师进行语音答疑,为学生遇到的难点问题给予快速有效的解答,老师也可以将参考文件分发给在线学生,为学生提供学习资料,从而弥补老师在现实课堂上不能照顾到每个学生的缺憾。

（5）教师足不出户就可以参加培训,与全国各地的优秀教师进行交流,将所学经验及时付诸教学实践,能够改进和提高教师的教育培训理念、理论水平、教学实践。

五、"5G＋VR/AR"创客教室

创客教室为学生的创造实践提供空间,核心是锻炼学生的动手能力,培养学生的创新精神。5G 创客教室在 5G 环境下,依托云端海量资源,将 MR/VR 与 STEAM 理念相结合,为学生进行创客活动提供空间,培养人工智能时代的创客精神。

（一）释放想象、激发创新

MR/VR 创客教室的核心思想是创新,要摆脱只靠听和看的学习方式,把更多的精力放在"做"上,并且要在意"想法创意"。MR/VR 创客教室中,丰富的创客资源能够启迪学生的心智、打开学生的视野、唤起学生的好奇心,并且新奇的创客方案可以吸引学生的眼球,让学生沉浸于创客世界。

（二）自主动手、实践探索

动手和体验是创客教育的关键,5G、MR/VR 等技术支撑是条件,学生在导师、合作伙伴的协作下可以独立或以团队的方式就某一主题进行创客实践,从提出需要解决的问题、实践方法和路径等方面去探索,培养学生的思考能力,体验"做中学"的乐趣。

（三）海量资源、自由编辑

创客教室覆盖 STEAM 多学科、多领域的高品质教育资源,学生可通过 MR/VR 资源编辑器让创意个性化得到发挥,实现对 MR/VR 素材的编辑、对精品案例的自由编辑和优化。

(四)创客教程、轻松上手

针对"创客"主题,提供独立完整的课程系统,包含课程方案、教学计划、教学设计、教案、独立性教材及配套教学课件、教学工具、评价方案、学生耗材(课程活动相对应的材料套装)及持续的课程升级服务等,激发学生创新思维的教学方式方法,突出课程的实践性和创新性,保证课堂教学活动具备艺术性。

第七节　ChatGPT 赋能高职教育

一、ChatGPT 概述

教育数字化已经上升为国家战略,党的二十大提出"推进教育数字化",为教育未来发展擘画蓝图。2023 年 2 月 14 日,世界数字教育大会平行论坛举行,主题为"职业教育数字化转型发展",来自 60 多个国家和地区、3000 余所职业院校及企业代表参会,共同商讨职业教育数字化转型发展大计。论坛提出,未来要把数字赋能和职业教育的升级改造相融合,以智慧教育助力职业教育,让更多人获得职业发展能力。我国高度重视职教信息化建设与数字化转型,推动数字技术与职业教育深度融合,以助力培养技术技能人才,服务学生的全面发展和经济社会高质量发展,这已成为中国式职业教育现代化的重要内容和方向。

近年来,人工智能技术"溢出效应"显著,促进供给侧结构性改革,成为新兴产业发展突破的重要抓手。职业教育作为与产业联系紧密的教育类型,在利用智能技术向数字化转型方面已先行一步。人工智能、区块链、VR/AR 等数字技术以强大驱动力赋能职业教育数字化变革。其中,ChatGPT 等生成性人工智能的出现和不断发展,为人类科技史注入了新的活力。ChatGPT 作为一个人工智能聊天机器人程序,能够基于自然语言处理技术,理解和生成文本,并以一种类似人类对话的方式与用户进行交互。ChatGPT 基于其对大量数据的整合和应用,能生成更具完整性、全面性、独特性与系统性的回应内容。其具备的高互动性、高沟通性与知识广泛性,已然使其成为企业、研究人员和教育工作者的重要工具,对各行各业都产生了重大而深远的影响。在此大背景下,职业教育作为人工智能技术的典型应用场景,需要迅速适应生成性人工智能技术引发的教育大变革,积极采纳并理性应用 ChatGPT 这一革命性、创新性和突破性技术,将 ChatGPT 融入职业教育数字化转型的各个方面,以尝试解决职业教育数字化转型面临的诸多困境,探究基于 ChatGPT 的数字化转型实践路径,助推职业教育高质量发展。

二、职业教育数字化转型的现实困境

数字化转型是一项因数字技术"生态"介入教育领域而引发的系统工程,各要素均面临从观念、模型、技术到建设与应用等一系列冲突,由此生成了职业教育数字化转型的诸多困难和挑战,引发相关管理部门和智库研究机构高度关注。新近发布的《职业教育信息化发展报告》《2022中国职业教育质量年度报告》《中国职业教育发展报告(2012—2022)》等,从多个视角和相关调研数据进行分析,值得参考。结合实际,归纳起来,当前我国职业教育数字化转型面临的现实困境,主要包括认知曲解化、资源非均衡、培养未全面、评估低整体、产教低匹配等。

(一)职业教育数字化认知曲解化

对职业教育数字化转型概念进行剖析,是科学进行职业教育数字化转型的前提和基础。曾有研究者指出,职业教育数字化转型即"综合运用现代数字技术和信息技术赋能职业教育体系,以提高职业教育发展的效能、质量和适应性,强调数字驱动,优化教学、学习、评估、教育管理、教育决策等各个方面,从而实现职业教育生态的持续性重塑"。从以上概念认知分析可以看出,职业教育数字化转型实际上是职业教育发展需求和当前技术优势的共同塑造与相互赋能。

但从实际来看,仍存在对职业教育数字化转型内涵的认知曲解甚至错误解释。主要表现在以下三方面:一是对职教数字化政策文件的掌握度与理解度不够,难以及时把握职教数字化转型的政策趋势,比如一些相关主体对职业教育数字化转型的公共性知识和相关政策仍熟悉度不高、了解度不足。二是把职业教育数字化等同于职业教育信息化,局限于面对面教学的电子化过程,而不考虑更广泛的技术创新。据调查,目前职业教育运用电子讲稿已占据100％,而运用人工智能工具仅有13％,VR/AR的使用频率更是少之又少。由此,职教数字化所涉及的新技术和新理念仍需进一步发展和认知。三是对职教数字化转型有较强的抵触情绪,认为职教数字化会耗费大量资源却低作用于职业教育发展,这导致众多技术资源未能发挥既定赋能作用。数据表明,有19％的教师对数字技术在职业教育中的应用持非赞同态度。这些对职业教育数字化的错误认知已经严重阻碍了职业教育数字化的进程,亟待利用合适的手段进行引导和解决,而ChatGPT的通用智能性和交互体验感为帮助提高职业教育数字化的认知提供了契机。

(二)职业教育数字化资源非均衡

2022年12月印发的《关于深化现代职业教育体系建设改革的意见》明确提出,做大做强国家职业教育智慧教育平台,建设职业教育专业教学资源库的重要要求。据统计,国家职业教育智慧教育平台汇聚了1200个专业资源库、6600余门在线精品课、2000余门视频公开课,超过110万名职业学校教师参与了国家级及省级培训,为推进职业教育数字化转型提供了巨大的技术支持与资源支撑。

然而,职业教育数字化资源仍存在配置不均的挑战。截至2022年,我国60所资源建设优势院校集中于东部沿海省份和华北地区,西北地区仅有1~2所。在数字教育资源供给方面,华北地区显著高于西北地区,数字资源配置不均衡现象突出。聚焦于人力资源,2022年高职院校教师发展指数的100所优秀院校集中在经济发达地区。且超八成的职业教师无法借助高新设备传授技能要领,技术素养差距明显。因此,需要借助一定的手段防止地域间技术鸿沟与素养鸿沟的产生,规避教育不公平的进一步扩大。考虑到ChatGPT的共享性、易获得性以及个性化的特质,基于ChatGPT完善与均衡职教数字化的资源投入,共享职业教育数字化的指导与培训,搭建动态化、系统化的职业教育资源体系,已成为职业教育数字化发展的必然趋势。

(三)职业教育数字化人才培养未全面

2022年10月出台的《关于加强新时代高技能人才队伍建设的意见》中明确提到将高技能人才培养工作纳入到总体部署和考核范围中。高技能人才已经是中国式现代化建设的刚性需求,需要达到"高水平培养""高技能就业""高精准成才"的目标,"三高"目标体系中,数字技能、数字素养占据十分重要的地位。但当前对职业教育人才培养的数字化融合仍然存在着众多挑战。

就课程设置而言,当前职业教育的人才培养仍处于以学科为特征、发展学科知识的研究范式。这种模式下的职业院校学生容易受知识体系的限制,难以发展自己的批判性和系统性思维。就教师而言,当前职业教师的数字技能仍无法有效匹配数字化要求,其基于数字化技术的教学革新能力仍存在不足。虽然众多职业学校的教师进行了诸多探索,尝试根据产教融合的要求不断提高数字化技能,但长期的知识教学惯性难以改变。例如职业教育智慧课堂、虚拟仿真学习空间、云课程、云资源等新技术设备与新技术环境"被闲置""被冷却"的现象较为凸显。就学生的终身学习而言,数字化背景和新职业的不断出现,要求个人不断学习和更新技能。然而,当前的职业教育模式仍存在终身化职业教育资源难以获取、远程职教教学水平有待提升的问题。这些都严重制约着职业教育终身化的发展,亟待新的数字化技术帮助职业学生自我学习与提高。ChatGPT 作为个人智能助理,能够根据用户要求自动生成任务成果,其深入职业学校后能让教师教学、学生学习以及课程设置有载体可用、有路径可循,从而解决职业教育人才培养的困境。

(四)职业教育数字化评估非整体

评估体系的构建是衡量职业教育成效的重要抓手和提高职业教育质量的关键。职业教育定位的特殊性,决定了职业教育评价需要政府、学校、教师、学生及企业等多元主体在政府履行、人才培养、企业指导等方面进行系统性、全面性的价值判断。

然而,职业教育数字化的评价中仍以职业院校为主,政府、企业和学生评价动力相对不足,尚未完全从一元评价真正转向多元主体协同参与评价。其次,缺乏对学生终身发展数据的整体评价,例如对学生的毕业去向等终身发展数据获取较为不足。再次,利用人工智能等数字化手段的个性化评价尚未充分发展,有参考价值的数据难以挖掘和分析。最后,尽管《职业教育信息化发展报告》对职业教育信息化进行总结和深入分析,但对职业教育数字化的关键与准确性等方面的评价却较为薄弱。因此,职业教育数字化仍需充分据获取方式和自动评价方式驱动评价手段的变革,从而实现职业教育数字化多维度和多元化的评价。

（五）职业教育数字化产教低匹配

我国在新职业教育法中明确提出了产教融合基本制度,国家陆续出台《关于深化产教融合的若干意见》等重要政策;二十大报告中更是提到产教融合的职业教育新理念。在职业教育数字化转型实践中,"行业"转型是其中最为关键的要素之一,要求院校结合行业产业深度合作,建立多元多向链接,实现现代化产教融合。然而,受制于目标使命、利益分配、信息交流、操作路径等多种因素影响,产教融合、校企合作仍面临众多挑战,亟需通过数字化转型来实现产教深度融合、校企协同育人。

一方面,校企互动不足,培养目标不统一。职业学校和企业分别追求社会和经济效益,以培养技术技能人才和获得市场收益为根本目标。从职业院校角度,其学生通常仅参与企业的实习环节,职业教育学校未形成与企业的长期互动机制。从企业发展角度,职业教育培养的公共技能人才具有低针对性,在一定程度上无法适应企业要求。这种培养目标的差异性导致职业学校和企业各行其是,难以形成发展合力。另一方面,众多校企合作未考虑当地发展特色与实际要求,表现出缺乏创新的"制度复制",从而导致校企合作匹配不好、效果不高。例如国家产教融合实施意见的统计中显示,天津市、内蒙古自治区、四川省、云南省、陕西省和青海省缺乏创新,在某种程度上造成产教融合制度环境的封闭和僵化。因此,需要智能技术的介入,以实现校企之间的高连接性。例如ChatGPT可以利用自身观点和组织能力,为校企联合提供建议,并在学生实践中通过企业要求及时干预,从而解决产教低匹配的困境。

三、ChatGPT赋能职业教育数字化转型的多重角色

利用大数据、人工智能等技术,例如以ChatGPT的数ChatGPT作为引发职教数字化变革的关键性力量,为解决职业教育数字化转型的困难提供了新的契机。现有研究提出,将ChatGPT应用于教育领域,作为数字导师,提升教学和学习效果、促进教学策略发展并支持教学反馈和评价。结合已有研究成果,通过对职业教育数字化转型各个要素的实时

困境进行剖析,可以明确 ChatGPT 赋能职业教育数字化转型的多重角色,归纳为智能加强仪、教学辅助员、个性化管家、质量评估员、校企连接员,以解决职业教育数字化在认知、资源、人才、评估和校企方面的困境。

(一)智能加强仪

实践表明,人工智能在职业教育中的应用成效越

来越显著。李东海等从人工智能促进教学模式"智慧化"、人才培养复合化、产教深度融合化、教育治理法治化、职业教育国际化五个方面阐述人工智能在赋能职业教育高质量发展中的作用[4];张烨等尝试以元宇宙赋能职业教育,以构建智能化的泛在学习、体验性学习、发现式学习及知识生成学习职业教育元宇宙体系;Dahalan 等也阐述了人工智能在职业教育领域中的应用,认为其能帮助职业教育学习者提高学业成绩、参与度和积极性。可见,人工智能设施是助推职业教育数字化转型的重要驱动力。

在人工智能已有发展基础上,ChatGPT 以"智能加强仪"的身份融入,以推动职业教育数字化水平的升级。一方面,其可与当前系统软件结合,赋能软件、系统和平台,形成"ChatGPT+"系统软件的 AI 赋能新形式,并取代传统的职业教育平台和软件。例如微软将客户关系管理软件 Viva Sales 集成 ChatGPT,从而实现自动生成回复。另一方面,ChatGPT 可与其他人工智能数字化设备交织融合,生成文字、图片、视频、代码、网站等多种复杂形式。比如弘成教育的智能学系统和 ChatGPT 对接,以更加开放式的语料库提供更多个性化服务。因此,职业教师和学生正经历一种 ChatGPT 化的过程,进入新的数字化认识阶段。他们利用 ChatGPT 生成的众多新软件和平台,及时了解企业要求,在新的数字化知识和数字化实践的基础上形成对职业教育数字化的创新性理解。

(二)教学辅助员

针对人工智能资源建设分配不均的问题,ChatGPT 作为在手机、电脑或者连接网络即可以使用的自然语言处理工具,凭借其随时性、随地性且设备要求的简易性,很大程度上减少了职业教育数字化建设的资金负担,增加了偏远地区与非重点学校发展职业教育数字化的可能性,同时作为建设其他数字化设备的中转站,给予职业学校发展及解决资金问

题的缓冲时间。

针对教师技术素养水平与技术使用要求不匹配的挑战,ChatGPT 以其教学辅助的身份出现。首先,因当前快速变化的数字化世界,对职业技术人才的要求也瞬息万变,ChatGPT 则可以根据企业变化的要求及时帮助教师开发和改变相应的课程,并提供相应的教学内容,例如帮助教师自动生成符合企业要求的教学内容、试题、作业等,从而提高教师的教学有效性和教学效率。其次,面对蓬勃发展的人工智能数字化设备和软件,教师对其应用在课堂中的流程、时间等掌握不佳,ChatGPT 能够为教师提供数字化设备使用说明,甚至可以根据人工智能数字化设备的特点,为教师谋划教学流程与教学方案。再次,ChatGPT 可以丰富教师的教学方式,形成"教师教学＋ChatGPT 辅助"的双师型教学,教师教学和ChatGPT 教学互相补充,来弥补学生的知识漏洞、提升学生学习兴趣,并增加数字化教学的趣味性。例如 Rudolph 利用 ChatGPT 构建翻转课堂,并得到积极的教学结果。最后,在职业教育、高等教育、继续教育三教融合的理念指导下,ChatGPT 可以作为学生互动学习和教育规划的个人导师9,为学生提供高等教育和继续教育的知识,为学生制定学习计划并与学生进行互动,以此减轻三教融合中教师、设备等资源不足的困难,成为三教改革的内生力。

(三)个性化管家

差异化、个性化与终身化是人类教育的终身目标。近年来,"1＋X"证书制度作为国家职业教育制度的创新举措,也会成为未来职业教育的新潮流。劳动力技能提高和再培训的新需求,也促使职业院校思考新的数字化模式。在这种背景下,ChatGPT 个性化管家的身份应运而生。

第一,ChatGPT 可以根据职业院校学生的个人学习需求和进度,为学生提供个性化的辅导和反馈,比如帮助学生构建知识图谱或者提供适合学生的解释,以提高学生对知识的掌握水平。Frieder 等人以 ChatGPT 作为学生的个性化数学辅导,并提升了学生的学习成效。第二,ChatGPT可以用于创建自适应系统,自动识别学生的错误和弱点,根据学生的学习进度和能力提供个性化的教育内容和指导。例如 Eysenbach 利用ChatGPT 的自适应学习系统成功提高了医学生的表现,为医学教育提供了更有效的支持。聚焦于职业教育领域，ChatGPT 能够随时为不同背景、能力和兴趣的学生提供高匹配度的职业咨询与职业规划指导。第三，面对优胜劣汰的数字化背景，ChatGPT 将为学生的终身学习提供支持。毕业后的学生能根据市场与企业的要求，利用 ChatGPT 进行自主学习和培训，构建属于自己的个人学习系统，开启终身学习的全新模式。

（四）质量评估员

对职业教育进行评估与评价是提高职业教育成效的重要举措。ChatGPT 以其质量评估员的身份改善对学生以及职业教育质量的评估方式，以提高职业教育数字化评估的准确性和效率，从而推进职业教育数字化转型。

首先，对学生而言，ChatGPT 可以从知识掌握和技能认证两个方面智能化评估职业院校学生的学习成果。一方面，能帮助学生在职业市场中更好地展示自己的能力和成就，帮助教师或评估人员减轻评估负担；另一方面，能提高评价的公平性和效率。例如 Kim 等人用 ChatGPT 对高中生撰写的论文进行评分，并提供类似于人类评分员的反馈。其次，ChatGPT 能保存职校学生的纵向回答数据，并和其他技术相结合对学生的表现进行追踪分析，有助于教师了解学生的学习情况，同时帮助职业教育行业了解学生的毕业去向与工作现状，基于此对职业教育数字化进行新程度的改革。最后，ChatGPT 可以评价当前职业教育数字化程度，阐述职业教育数字化特点与不足，并给予未来发展建议。正如中国（江苏）自由贸易试验区研究院通过 ChatGPT 评估自由贸易试验区现状，并寻求中国自贸区的未来发展方向。

（五）校企连接员

促进职教高质量发展的关键要求和途径之一就是深化产教融合，即与企业进行深度合作，推进技术、工艺和成果创新，并将这些成果转化为教育的重要力量。ChatGPT 则可以通过其校企连接员的身份成为产教融合的催化剂和黏合剂。

首先，针对产教融合流于形式，职业院校人才和市场不匹配的问题，ChatGPT 可以为职业院校提供高质量的产业人才需求信息、企业就业匹配信息、企业场景和企业要求，从而给予职业院校改造教育和培育人才的基本依据。在此基础上,校企可以共建双师体系和实训基地,共商质量保障体系,充分确保职业学校培养过程与企业场景和用人需求相统一。此外,校企可以参考 ChatGPT 重构数字化＋产教融合模式,例如定向培训、校企研究中心与基地、校企联合项目的数字化,以产业需要引领人机协同,以数字技术有机融入产教融合,从而推动职教数字化转型的进一步变革。最后,ChatGPT 能以职业资格证书为核心,凭借质量评估员的身份评估学生岗位技能,以保障学生职业生涯规划的清晰性和明确性。

四、职业教育领域 ChatGPT 应用的乌托邦争议

乌托邦天然具有二元张力和矛盾,理想之善与幻想之恶交替生成,不可或缺。ChatGPT 类产品以众多角色帮助职业教育冲出数字化困境,为职业教育许诺了乌托邦的理想。然而,其亦引起教育工作者的普遍忧虑,数据不准确、教学性替代、个性化依赖、伦理性争议都是其应用落地不可避免的挑战与难题,ChatGPT 被认为是追求"乌托邦的冲动"。

(一)准确性争端

ChatGPT 到底可信吗?众多研究或公告指出,ChatGPT 作为一种生成性 AI 模型,可能编造无意义或虚假信息。例如 Biswas 等人的研究提出,ChatGPT 缺乏科学准确性。OpenAI 在其网站也突出免责声明:"ChatGPT 可能偶尔形成不正确的信息"。如此一来,ChatGPT 的数据准确性则会影响其与其他人工智能的合作,甚至对职业院校学生的个人发展数据、职业教育数字化的评估准确性、职业教育的校企合作效能产生影响。然而,虽然 ChatGPT 的准确性有待斟酌,但伴随着 ChatGPT 类产品的迭代升级,其会逐渐变得精确,甚至高于人类的精确度。例如 ChatGPT 在被问及关于癌症的问题时,其答案正确率已高达 96.9%,甚至 ChatGPT 的可读性更高。如何保障 ChatGPT 的准确性,是当前职业院校数字化转型需要面临的问题。

(二)替代性分歧

ChatGPT 作为教学辅助者的角色在职业教育场景中出现,那么,ChatGPT 类产品真的会代替职校教师吗?某些观点认为,ChatGPT 会给当代职业带来一场巨大的变革,与之紧密联系的则是职业院校教师。

这时,ChatGPT 则从教学辅助员转向教学替代者的角色,从而引起教师的职业倦怠。然而,职业教育与其他教育类型相比,强调技能人才的能力培养。其需要一定的技能训练,这对职业院校教师提出了实践性的要求。例如教师可以为实验课程提供实际操作指导,而 ChatGPT 仅仅能够提供文字说明。此外,教师可以根据学生的表情、动作等及时识别到学生的状态,从而及时调整教学,以提高学生的学习动力和学习效果。而 ChatGPT 仅仅能通过学生的文字回答得到答案。最后,即使 ChatGPT 能够扮演教师甚至导师的角色,但是教师对学生的情感激励与行为鼓励是机器无可替代的。因此,职业院校教师应该辩证看待 ChatGPT,以其作为工具而非威胁。

(三)个性化争论

不断提升批判性思维和创造性思维水平是职业教育人才培养过程中关注的方向。而 ChatGPT 因其个性化管家的角色,导致学生的个性化依赖。甚至会出现利用 ChatGPT 进行抄袭的现象,从而使学生缺乏批判性思维和解决问题的能力。香港大学已经成为国内首家禁止 ChatGPT 使用的高校。孟独等也提出过度依赖技术造成的师生思维"钝化"。那职业教育领域需要因为思维钝化的出现对 ChatGPT 类产品避而远之吗? 亦有研究指出,合理运用 ChatGPT 的学生会将 ChatGPT 视为一种工具,利用 ChatGPT 查找资料,取其精华去其糟粕,从它的回答中寻找新的想法。在这种情况下,ChatGPT 有助于培养学生提出问题、分析问题和解决问题的能力,从而培养创新型人才。因此,职业院校在将 ChatGPT 介绍给学生的同时应给予他们一定的指导,引导学生合理使用 ChatGPT。

(四)伦理性困境

在发展 ChatGPT 并对其进行数据获取的道路上,必定会出现隐私安全伦理挑战。2022 年 11 月 ChatGPT 刚刚上线时,亚马逊公司就警告员工不要与 ChatGPT 分享机密数据。对此,2023 年 2 月 6 日,OpenAI 承认,有人可以利用 ChatGPT 的对话功能,冒充真实的人或者组织骗取他人信息等。除此之外,ChatGPT 还存在偏见性,推特 CEO 埃隆·马斯克则对 ChatGPT 的严重偏见问题表示担忧。众多教育者对这种伦理问题产生了争议,ChatGFT 是现象级还是乌托邦? 然而,2023 年 1 月,德国基尔应用科技大学 Doris Weßels 等人发布的文章《教育中的人工智能:ChatGPT 只是开始》提到,ChatGPT 类产品的伦理问题是众多人工智能普遍存在的问题。ChatGPT 相对于其他人工智能已经采用了更加严格的数据安全标准,可以更好地帮助企业保护用户数据,减少被窃取的可能性。因此,职业教育领域面对 ChatGPT 类产品的伦理问题,重心应放在防范,而不是拒绝;否则,职业教育的数字化进程会遭受阻碍,难以进步。

五、ChatGPT 赋能职业教育数字化转型的实践路径

ChatGPT 以其多种角色为职业教育数字化塑造"乌托邦的理想",却因其争议又被视为"乌托邦的冲动"。纵观 ChatGPT 类产品在职业教育领域的使用可能性,其依然在人类可控的范围内。我们既要减轻对 ChatGPT"乌托邦的理想化",亦要抑制"乌托邦的冲动性"。ChatGPT 应在一定的伦理规范支持下,得到合理使用,以数字化的形式提升学生的学习质量以及教师的教学实效,从而推动职业教育数字化的发展。基于此,可以从四个方面探索 ChatGPT 赋能职业教育数字化转型的实践路径。

（一）从数据不准确到数字化升级

职业教育在数字化过程中必须意识到,职业院校、教师和学生必须提高自己的数字化能力,以应对 ChatGPT 在职业教育应用中的潜在数据挑战。其一,企业在向学校提供数字化软件或设备的同时,向职业院校开放平台接口、数据、计算能力等产品后台,允许职业教育学校发现错误或者有新的需求时有二次开发权限。其二,需求相近的学校可以开展数字化合作,鼓励 ChatGPT 类产品在训练数据时针对不同类型职业院校、不同专业群的个性化需求,精准开发使用高质量且专业化的产品。其三,提高教师和学生的信息素养与批判性思维能力,发现不准确的数据及时告知职业技术管理人员或企业,以形成"使用—修改—升级"的 ChatGPT 使用模式。

（二）从教学性替代到素养化提升

即使职业学校教师短期不会面临 ChatGPT 替代的问题,但必须及

时提高教师的技术素养，以避免职校教师在使用 ChatGPT 过程中的职业倦怠。首先，职校教师必须掌握人机协同的基本趋势，与 ChatGPT 合作发展"双师型教学"，以达到事半功倍的教学效果。同时保持学习，通过培训课、研讨会、与同行交流及参加活动等方式，提高自己的专业水平，并合理利用 ChatGPT 类数字化设备了解最新技术与教学方法，以适应瞬息万变的数字化世界。其次，职业教育管理者应该及时关注教师状态，不断为教师提供数字化升级的机会与培训，帮助教师适应数字化变革带来的挑战，提高他们的技术素养与操作技能，利用 ChatGPT 类工具最大限度支持教师的专业水平提升和教学。

（三）从个性化依赖到创新性环境

为防止学生个性化依赖现象的产生，职业院校教师必须考虑如何将 ChatGPT 类产品整合成教学工具，同时，帮助学生合理利用这些工具，以增强学生的学习体验。首先，教师应鼓励学生主动批判性思考与解决问题，引导他们以 ChatGPT 为协作工具，从容应对职业实践中的挑战。其次，教师应该培养学生正确的技术使用素养，鼓励学生将人工智能工具作为激励自己创造力和创新的一种方式。再次，教师应及时诊断学生对 ChatGPT 的个体使用状态，及时调整 ChatGPT 的投入程度与教学定位。最后，职业教育统筹人员应该加强家校合作和校企合作，企业要求引领、家长配合辅助，共同营造积极、创新的技术环境。

（四）从伦理性困境到伦理性防范

为规范职业教育数字化中 ChatGPT 伦理建设，应注重优化 ChatGPT 监管机制及伦理规范体系，规范 ChatGPT 的作用空间和作用过程。其一，职业教育领域应该结合企业强化教师和学生的伦理防范意识，并制定合适的伦理防范规范，最大限度地保障教师和学生的隐私安全。其二，加强职业学校教师和学生的伦理教育，确定教师和学生在推进职业教育数字化过程中秉持负责任的态度，能及时发现伦理风险并加以治理。其三，校企应该结合建立伦理风险防范机制，在企业和学校成立一定的监督机构与组织，专门针对学生对 ChatGPT 类产品的使用，打造安全的、合乎伦理规范的 ChatGPT 使用环境。

综上所述，ChatGPT 以全新角色为职业教育数字化转型带来机遇，有助于化解职业教育数字化转型的诸多困境。本书归纳了我国当前职业教育数字化转型面临的认知曲解化、资源非均衡、培养未全面、评估非整体、产教低匹配等现实困境。作为生成性人工智能时代的突破性技术，ChatGPT 正深度改变职业教育场景中的人机交互与协同模式，并以智能加强仪、教学辅助员、个性化管家、质量评估员及校企连接员的新角色赋能职业教育。然而，对于职业教育数字化转型而言，ChatGPT 绝非"乌托邦的理想"，亦非"乌托邦的冲动"，需要理性剖析 ChatGPT 在职业教育数字化转型过程中存在的准确性争端、替代性分歧、个性化争论、伦理性困境等争议，从而探索 ChatGPT 赋能职业教育数字化转型的实践路径。未来应用 ChatGPT 赋能职教数字化转型的过程中，应坚守以人为本的核心原则，确保科技向善的伦理规范，重点关注 ChatGPT 的整合与升级、教师与学生素养的提升、应用标准的规范以及伦理安全的保障等环节，尤其是兼顾 ChatGPT 人机协同效能与人文情感关怀。

第八节 5G 时代推动高职院校在线教育高质量发展的策略研究

一、概述

随着信息技术的迅猛挂进，互联网 5G 时代到来，尤其是当今融合大数据、物联网、虚拟现实和信息挖掘网络技术的兴起，以及人工智能应用的不断普及，使得远程教育获得了前所未有的、强大的 5G 时代技术支持手段和广泛的传播途径，这就是日渐兴起的在线教育。在今年上半年召开的中国高校在线教学国际平台课程建设工作视频会议中，教育部提出要将在线教学转化为"常态机制"体现了我国未来课程教学方式变革的方向，促进了教育思维理念和教育形式的转变。本书聚焦在线教学中"教学前准备、教学实施与误后评价"三个阶段对"教学平台怎么选、老师怎么教、学生怎么学、课后如何辅导"等问题，以计算机专业《人工智能》课程在线教学为例，对相关教学问题进行了探讨和实践。

二、5G 时代推动高职院校在线教育使用情况

大学生是移动互联网的中最大的用户群，这个年龄段的人群对于新

鲜事物有着强烈的好奇心,所以手机等智能终端设备与相应软件极大地提升了他们对于移动互联网的应用兴趣,能够满足他们进行上网学习、信息获取、娱乐等需求。但是截至目前,受网络速度的影响,移动互联网对于教育机构的影响还未在教学中充分体现,随着 5G 时代到来,通过 5G 网络技术的支持,这种现象将彻底改变。由于大学生对于移动互联网有着浓厚的兴趣,那么高职院校就可以根据这一方面来建设移动互联网教学平台,能够加速移动互联网教学体系的建设。高职院校教学要从服务教学工作的角度出发,形成更加完善的教学互联网平台,给高职院校教育改革与发展提供坚实的基础。据统计,2020 年 2 月至 2020 年 5 月全国在线开学的相关信息表如表 7-1 所示。

表 7-1 全国在线教学课程信息表

时间	在线开学高校数量	在线课程	在线学生
2022.2—2020.5	1454 所	94.2 万门	11.8 亿人

由表 7-1 可见,海量的在线教育平台和资源,可以提供给教师利用。如何根据教学实际情况去选取适合的教学平台、教学资源和教学方式,是开展在线教育的前提和准备。

(一)合理利用在线教学模式

5G 时代在线教学主要有同步在线教学、异步在线教学、基于学习社区的协作教学、在线翻转课堂教学、基于学科工具的自主学习等多种模式。鼓励教师运用翻转课堂(混合式教学)组织教学,由学生自学和教师直播两部分组成。可以在自学阶段优先考虑使用已有的慕课或私播课等平台向学生提供教学资源,组织讨论、答疑、作业等活动,直播教学可利用钉钉、腾讯、ZOOM 等直播和会议类的工具来构建虚拟教室实现。

(二)5G 时代高效利用慕课平台和资源组织教学

引入"5G+物联网"支持下的在线教育大数据联通,加大高职院校之间课程共建共享,避免课程重复建设,浪费资源。在选择和运用慕课组织教学时可关注以下几个方面:(1)选择与本课程内容相符合,教学大纲相近以及上课时间同步的慕课;(2)慕课的视频、PPT、教学计划、公告提示、讨论答疑、单元作业、单元测试等内容完备,质量较高;(3)老师根据线上慕课教学计划,引导学生选择课程;(4)根据线上慕课视频、PPT、作业、测试、讨论内容等制定学生详细学习计划;(5)利用"慕课堂或雨课堂＋QQ群"进行线下课堂管理,根据课程内容实时增加小练习、小测试,以查漏补缺,通过 QQ 群进行课后答疑。

三、5G 时代对高职院校在线教育的影响

(一)5G 时代移动互联网促进高职院校在线教学顺利进行

计算机科学技术的发展和进步,对于人类社会的改变是非常积极的。移动互联网领域的发展,极大地改变了人们的工作与生活方式,并且该技术不断的促进高职院校教学的改革,能够积极促进高职院校在线教学顺利进行,也能够提升教学总体质量和水平。

智能手机作为重要的移动终端设备,使得师生可以获取更多的知识、信息。不仅能够随时从互联网中了解大量的信息与知识,还能够利用移动互联网实现师生、学生之间的沟通,让课堂教学可以延续到生活中,对于提高教学的总体水平有着极为重要的作用。教师可以通过微课等相关教学方式将知识网络链接直接发送给学习平台,学生可以根据自己学习的需要随时学习,也能够通过课余时间进行必要的学习,学习更加的灵活,针对性也会更强,为提高教学效果起到积极的促进作用。

(二)鼓励学生参与到移动网络教学活动

移动互联网高速发展之下使得很多即时性、交互式的学习软件开发和应用,人们开始通过平台获得更好的学习体验。特别是随着人工智能的发展和成熟,引入"5G＋人工智能"支持下的在线教育互动,教师通过移动互联网平台让教学更加灵活,营造出良好学习氛围,学生能够参与到互联网学习中,学习互动更加地便捷。移动互联网教学平台的应用是实践教学的延伸,教师可以通过设置教学目标、布置教学任务、发布教学内容等方式开展教学,将制作的学习视频、微课文件等发布在移动网络平台中,让学生能够自主学习相关知识,提升学习兴趣。

移动互联网应用平台使得学生的学习活动可以进行互动与交流,教师与学生、学生与学生都能够通过移动互联网平台进行交流,能够增进相互了解,学习也更加地便利,教师需要在和学生的交流中判断、提升与

总结,能够掌握学生的各种信息,认真思考学生的所思所想,以提升教学目的,促进教学水平的提高气移动互联网应用平台的设计和应用,教师与学生都可以创造教学内容,链接与分享互联网中的信息资源,能够逐步形成完善的教学体系,使得教学活动顺利进行。

四、5G 时代推动高职院校在线教育发展策略

(一)5G 时代实施在线教学可采取的教学形式

同步互动:针对浅层知识点可借助人工智能技术设置限时现场提问,增强互动性,以选择题为主,也可设置随堂抢答,检测是否学习,结合在线平台的数据统计分析功能,及时反馈作答情况;点名请某位学生连麦或者分享屏幕发言,抽查学得怎么样,分享学习的过程和心得;学生举手提问,体现个性化思考和疑问;弹幕和互动面板:课前或课间休息时使用,分享音乐、个人兴趣爱好等,拉近与学生的距离,和谐班级氛围。异步互动:采用传统讨论区或留言板,全方位倾听和收集学生反馈和评论,将评论信息挖掘的实证研究技术,拓宽到在线教育领域,通过大数据信息挖掘技术全面了解学生学习情况,针对性地给学生解答相关问题,将学生在线课堂体验作为改进互动效果的驱动力。

(二)利用 5G 时代"高职院校 MOOC+慕课堂+QQ 群"开展教学

利用慕课堂掌握学习情况。课前推送学情问卷,调查学生前序知识掌握情况和预习情况,课中根据学生学情,针对性地推送练习小测试,以查漏补缺。利用 QQ 群充分调动学生学习积极性。根据学生在慕课堂和高职院校 MOOC 平台的学习情况,在 QQ 群中讨论典型问题,可以是文字发言、案例分析图片,也可以是学生自己录制的讲解小视频,对表现突出的学生给予加分和表扬。利用分组教学调动学生骨干的积极性。根据掌握的学情情况,按专业、按基础分组讨论辅导,每小组每天收集典型讨论问题进行 QQ 截屏分析、展示,供课中所有学生参考,教师每周一次讲评,充分调动学生的学习积极性。利用高职院校 MOOC 管理中的慕课堂查看学生学习视频、做作业和单元测试情况,随时调整学习讨论内容。

在线教学虽然灵活,但是比起传统的面授式教学,书写板书显得相对困难,针对这一问题,可采取以下方法:利用直播软件自带白板完成书

写(建议配合手写板);切换直播界面,利用 WORD 等方便推导公式的程序界面(鼠标键盘即可完成);提前将板书集成到课件之中;提前准备摄像头,在白纸上推导;PPT 里的指针选项,可以选择笔和荧光笔。

(三)有效实施辅导答疑

在结束教学后,辅导答疑是提升线上教学质量的重要途径,如何做好高效的课后答疑,是要探讨的方法。依托各种平台,让学生互评互答,形成学习共同体;常见问题、重难点知识直播答疑(同步效果较好),实时掌握学生反馈;利用人工智能技术单独辅导语音回答,效率最快;小组讨论以文本为主,便于深入交流;班级互动以引导为主,便于培养学习习惯。补充知识建议录成微课,便于学生随时学习。在答疑结束后要及时了解辅导答疑效果:用问题链(根据主讲内容设置)把握辅导进度;直播过程设置问题(直播平台自带的投票或问卷功能),实时检查辅导效果;通过直播回放等功能统计学生学习时间和次数,了解学习效果。

(四)组织开展在线实践教学

高职院校最大特点是重视学生实践技能的锻炼,在 4G 网络下高职院校在线教育的最大痛点是实践教学始终不理想,效果较差,有的实践课程甚至无法实现在线教学,随着 5G 网络技术的发展,可以引入 VR/AR 教育理念发展虚拟仿真实验室,推动触觉网络发展,促进实践性技能交流。让学生获得较好的实践学习体验。触觉网络的应用将使学习者和教师的触觉进行叠加,创造远程教学和远程指导的新方法。触觉网络能够与 VR/AR 结合创设虚拟课堂,消除实验实践的物理距离隔阂,促进和实现学生之间的资源共享,尤其是实验设备比较昂贵的情况下。

(五)以《人工智能》课程为例开展在线教学

高职院校应利用职教集团优势,发挥物联网大数据联通功能,共建共享学习资源,利用名师团队打造精品课程,而不必每个老师都建设自己的课程,从而避免课程资源浪费且效果不如精品课程好。以《人工智能》课程为例,在线教学可结合专业特点选取相似学校相同专业相同教材的慕课。特别是针对本课程实践教学环节,剖析编程语言和进行硬件设备连接制作小智能物件时,在 5G 网络技术的支持下组织线上教学可以更加丰富具体,课中利用人工智能互动技术使学生能够掌握关于编程语言及功能原理的相关理论知识,课后结合信息挖掘技术了解学生慕课学习情况,进行针对性的分析,改进授课方法。还可以利用虚拟仿真实验室进行本课程实践教学环节,增强实践性技能交流。例如,在远程教学场景中,触觉网络能够与 VR/AR 结合创设虚拟课堂,消除实验实践的物理距离隔阂,学生能够远程进入虚拟课堂进行《人工智能》课程中的实践操作环节,教师能够感受到学生的动作并在必要的时候进行纠正,同时学生能够看到、听到和感受到教师的指导动作,实现师生远程触觉交互。学生从中获得的教学经验将远远超过真实课堂所获得的。以 5G 网络为基础,利用各种先进的计算机技术能大大加强师生交互性,对课堂中的知识点起到很好的理解和巩固作用,为后续专业学习与实践打牢基础。

参考文献

[1]饶和平,胡高波,金湛.高职教育双高建设策略与路径研究分析[M].杭州:浙江工商大学出版社,2023.

[2]永钊,程扬.职业院校专创融合教育探索与实践[M].北京:中国商务出版社,2023.

[3]汤彪.数字化教育[M].北京:中华工商联合出版社,2021.

[4]欧阳玲,洪文兴,教育数字化区块链技术与实践[M].厦门:厦门大学出版社,2022.

[5]张秦.大数据与高职教育的融合发展研究[M].长春:吉林大学出版社,2022.

[6]叶波.人工智能＋5G与教育变革[M].上海:华东师范大学出版社,2022.

[7]吕浔倩.信息化高职教育教学管理研究[M].西安:西北工业大学出版社,2019.

[8]王培松.产教融合视域下高职教学管理理论与实践研究[M].长春:吉林科学技术出版社,2022.

[9]贾文雅.数据挖掘在高职教学质量评价体系构建中的研究与应用[M].长春:吉林科学技术出版社,2019.

[10]黄华.大数据背景下高职英语教育教学创新研究[M].长春:吉林人民出版社,2021.

[11]王勤香,朱政德.信息化与新媒体时代高职教育教学研究与实践[M].郑州:黄河水利出版社,2021.

[12]毛霞,曾雪芳.高职教育的改革与发展研究[M].长春:吉林出版集团股份有限公司,2022.

[13]贾庆成,王磊,王林生.高职教育分类培养模式的研究与实践[M].郑州:黄河水利出版社,2022.

[14]马晓琨,李贤彬.高职教育高质量发展下教师知识提升策略研究[M].长春:吉林大学出版社,2022.

[15]朱杉,白冰,刘梦婷.高职教育与信息化教学实践研究[M].北京:中国商业出版社,2022.